W0064945

Peter Gitzinger · Linus Höke · Roger Schmelzer

**Das böse Buch über Sex**

Peter Gitzinger · Linus Höke · Roger Schmelzer

DAS BÖSE BUCH ÜBER

Mit Illustrationen von Ari Plikat

Lappan

So, jetzt halten Sie also dieses Buch in Ihren
Händen. Sie haben DAS ERSTE
KENNENLERNEN hinter sich
gebracht – vielleicht im Buchladen, vielleicht am Geschenktisch. Anfangs war es ein
Abchecken und ein scheues Abtasten, aber
dann war Ihr Interesse geweckt, und jetzt
wollen Sie aufs Ganze gehen: Sie haben die
elegante Umhüllung geöffnet, so dass der
Inhalt jetzt NACKT und einladend
vor Ihnen liegt. Nun wollen Sie vielleicht
stürmisch drauflos gehen, Sie wollen gackern,
grölen, wiehern – kurz: Sie wollen schnelle
BEFRIEDIGUNG.
Aber halt: Dieses Erlebnis kann so viel schöner
und intensiver sein. Wollen Sie sich das
wirklich versagen? Vielleicht denken Sie jetzt:
LESEN? Leute, da macht mir keiner was
vor. Okay, natürlich – Sie hatten schon eine
Menge Bücher in Ihrem Leben, und bisher hat

sich noch keines beschwert. Aber man kann ja immer dazulernen, oder?

Deshalb: Zeigen Sie einfach Ihre sensible Seite. Lassen Sie sich Z E I T ! Streichen Sie zärtlich über den Buchrücken, in sanften, gleichmäßigen Bewegungen. Zwischendurch machen Sie P A U S E und lassen die Hand ohne Druck sanft aufliegen. Merken Sie, wie intensiv diese Erfahrung langsam wird? Jetzt gehen Sie auf Entdeckungsreise: Lassen Sie Ihre Hand über den Einband wandern, spiele-risch, raffiniert, liebkosend. Vielleicht malen Sie auch K L E I N E   K R E I S E mit den Fingerkuppen.  Lassen Sie einfach Ihren Einfallsreichtum spielen, alles ist zwischen Ihnen und diesem Buch möglich.*

Nehmen Sie alles I N T E N S I V in sich auf, die weiche, noch unbefleckte Oberfläche

---

* Genauer gesagt: *Fast* alles. Wir raten zum Beispiel davon ab, gemeinsam unter der Dusche zu kuscheln.

des Papiers, den exotischen, betörenden
Duft frischer Druckertinte. Vielleicht
FLÜSTERN Sie etwas – dann aber
verzichten Sie bitte auf Äußerungen wie:
„Das Geld, das ich hierfür auf den Tisch
geblättert habe, das hat sich mal wirklich
gelohnt." KOMPLIMENTE dieser
Art wirken genauso kontraproduktiv wie bei
menschlichen Partnern.

Gut – nun befeuchten Sie Ihre Finger. So geht
es viel leichter, und im Nu wird alles bereit
sein für den großen Moment. Tja, und dann
kann der SPASS beginnen. Ab hier kennen
Sie sich wieder aus. Legen Sie los, und ein
Höhepunkt wird den anderen jagen!
Wir gucken weg ... und wünschen viel
FREUDE.

# INHALT

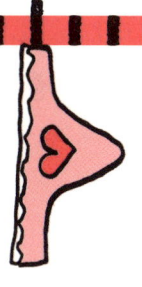
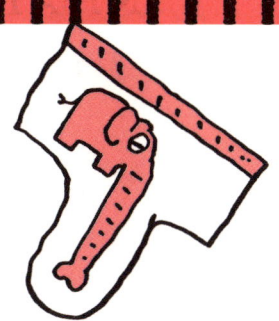

# DIE GESCHICHTE DER

# SEXUALITÄT

Über Millionen Jahre hinweg war Sex für die Bewohner der Erde ziemlich uninteressant. Grund: Die Bevölkerung bestand nur aus Einzellern, die zum Zweck der Fortpflanzung nichts anderes tun mussten, als sich selbst zu teilen. Dementsprechend öde ging es in diesen Zeiten zu. Von spannenden Blind-Dates, sexy Miniröcken, geschweige denn aufblasbaren Gummipuppen, war man noch Äonen entfernt.

Dies änderte sich grundlegend, als die ersten Einzeller sich zu größeren Zellhaufen zusammenrotteten, den sogenannten Amöben. Aufgrund der beengten Wohnverhältnisse kam es schnell zum Kontakt zwischen den Bewohnern. Irgendwann dann – es war ein besonders öder Tag – beschloss einer der Einzeller, sich nicht einfach zu teilen, sondern eine Nachbarin anzubaggern, um zu sehen, was passiert. Tragischerweise geriet er dabei an eine Bakterie und wurde statt in die Geheimnisse der Erotik ins Zytoplasma eingeführt – sprich: verspeist. Wenn man so will, der erste Fall von sexuell motiviertem Kannibalismus.

Die anderen Einzeller ließen sich von diesem Rückschlag jedoch nicht entmutigen, schmissen die

Bakterien kurzentschlossen raus, und schon bald kam es in der Amöben-WG zu dem, was man später auch in menschlichen Wohngemeinschaften* beobachten konnte: Gruppensex. Das Leben machte plötzlich Spaß.

Die Bewohner der Erde pflanzten sich fürderhin zunehmend sexuell fort. Andere Gattungen entstanden: Fische, Vögel, Dinosaurier und vor rund 4 Millionen Jahren schließlich die Krone der damaligen Schöpfung: der Australopithecus.

Die Regeln, nach denen Sexualität bei dieser Spezies funktionierte, waren verhältnismäßig simpel: Jeder durfte mit jeder, wann immer er wollte. Das Problem war nur: Oft wollte man nicht, oder besser: Oft konnte man nicht. Dazu war man viel zu sehr mit anderen Dingen beschäftigt: nicht zu verhungern, nicht zu erfrieren, nicht von einem Säbelzahntiger gefressen werden etc. Das abnehmende sexuelle Interesse (man spricht hier von einer frühen Form des Managersyndroms) führte schließlich zum Aussterben des Australopithecus.

Interessanterweise macht eine kalifornische Studentengruppe für die Lustlosigkeit unserer Vorfahren nicht etwa deren harten Überlebenskampf verantwortlich, sondern etwas völlig anderes: Das Fehlen von Nacktbars.

Nacktbars waren vor vier Millionen Jahren tatsächlich verhältnismäßig selten, da es A) niemanden

---

* Hier allerdings – vor allem in Männer-WGs – in Anwesenheit von sehr, sehr vielen Bakterien.

besonders anturnte, jemand anderen nackt zu sehen – man rannte mangels Kleidung eh den ganzen Tag unbekleidet rum, B ) es nichts Leckeres gab, was man in der Bar hätte ausschenken können und C ) noch niemand das Telefon erfunden hatte, mit dessen Hilfe man sich in einem solchen Etablissement hätte verabreden können. Und selbst wenn, hätte es wenig Sinn gehabt, denn man verfügte D ) noch über keine Sprache.

Da der Mensch aber schon immer Erfindergeist und Improvisationstalent besaß, kam vor 40.000 Jahren der Homo sapiens auf die Idee, den Mangel an Nacktbars zu kompensieren, indem er die Wände seiner Wohnhöhle mit Malereien von Nackten verzierte*.

Die ersten Pin-ups waren geboren. Und dienten – wie noch heute – der sexuellen Stimulation. Allerdings vorwiegend – ebenfalls wie noch heute – der des Mannes, was schnell die ersten Frauenrechtlerinnen auf den Plan rief. Eine weltumspannende Sexismusdebatte wurde nur durch die Tatsache vereitelt, dass man immer noch keine Sprache kannte. Jedoch hatten die Frauen einen anderen Trumpf im Ärmel: Sie verweigerten sich. Die Männer wurden sauer und erfanden das älteste Gewerbe der Welt: die Prostitution. Die Frauen revanchierten sich und erfanden das andere älteste Gewerbe der Welt: den Beruf des Scheidungsanwalts.

---

* Was jetzt auch Sinn machte, denn mittlerweile kannte man das Konzept der Kleidung.

So wurde Sex immer mehr zu einer Ware und musste bezahlt werden. Aber nicht nur bei Prostituierten, denn auch die Partnerinnen erkannten zunehmend den Wert von Sex. Dies war die Geburtsstunde der Schmuckindustrie.

Jahrtausendelang trieb man es miteinander, bezahlte oder beschenkte sich, und das wäre wahrscheinlich bis heute so weitergegangen, hätte man nicht irgendwann eine folgenschwere Entdeckung gemacht: den Zusammenhang zwischen Sex und Schwangerschaft.

Hatte man bis jetzt rumgevögelt, was das Zeug hielt, und die Kinder fielen zufällig einfach so aus dem Bauch, war sich der Mensch auf einmal dessen bewusst, das Kinderkriegen steuern zu können – durch Enthaltsamkeit. Dies warf die Frage aller Fragen auf: Habe ich jetzt aus Spaß Sex und gehe dabei das Risiko einer Schwangerschaft ein, oder verzichte ich auf Sex und darf nur schnackseln, wenn ich Nachkommen haben will? Da niemand diese Frage zufriedenstellend beantworten konnte, gründete man kurzerhand die katholische Kirche, die für einen ab sofort das Antworten übernahm.

Da die Haltung der Kirche in puncto Sexualität für viele Menschen wortwörtlich unbefriedigend war, dauerte es nicht lange bis zur Bildung einer massiven Gegenbewegung: der Verhütungsmittelindustrie. Waren deren Produkte zu Anfang noch recht einfach (es gab nur Kondome aus Tierhaut in den Geschmacksrichtungen Kaninchen, Wildschwein und Igel, wobei Letzteres kein Verkaufsschlager war), entwickelte sich die Verhütungsmittelindustrie schon bald zu einem führenden Wirtschaftszweig.

Um nicht allzu lustfeindlich dazustehen, reagierte die Kirche prompt. Sex war für sie zwar immer noch Teufelszeug, dafür ersann Papst Gregor IX. im Jahre 1227 die Inquisition, auf deren Grundlage man ab sofort Frauen nackt ausziehen, fesseln und nach Belieben misshandeln konnte, was in den Augen der Kirche rein gar nichts mit Sex zu tun hatte*, aber für sehr viele Kirchenbeitritte sorgte.

Irgendwann gingen dann die Frauen auf die Barrikaden. Sie hatten die Schnauze voll, von Gott und der Welt nur als Lustobjekt angesehen zu werden. Die Kirche hatte ein Einsehen und ersetzte das Quälen von Frauen durch das Streicheln von Messdienern.

Stichtag für die endgültige Liberalisierung der weiblichen Sexualität war der 12. Februar 1867. An diesem Tag schleuderte Erna Spielmann im Schlafzimmer ihrem Gatten die folgenschweren Worte entgegen: „Jetzt will *ich* mal oben sein!" Dass die 76-jährige Frau damit ihre Position innerhalb einer Räuberleiter meinte – die beiden strichen gerade die Schlafzimmerdecke, hatten aber keine Leiter zur Hand – spielte keine Rolle.

Mit der Befreiung der Frau kam die sexuelle Revolution ins Rollen. „Love, Peace, Happiness" war die Losung der freien Liebe. Jeder durfte wieder Spaß am

---

* *Shades of Grey*-Leser wissen, dass dies nicht stimmt. Dass bei *Shades of Grey* aber auch nicht alles stimmt, wissen wiederum Leser des Ratgebers *Shades of hä?*.

Sex haben. Egal, ob Mann, Frau, oder – wie in einigen entlegenen ländlichen Regionen – Schaf.

Und heute? Dank des Internets ist Sex in unseren Breiten jederzeit überall verfügbar und deshalb so normal wie Spekulatius im September – und auch genauso prickelnd. Die Lust lässt nach. Wir verabreden uns lieber mit unserem Laptop, statt zu einem Blind Date. Die Geburtenzahlen nehmen ab, und so ist es nur eine Frage der Zeit, bis wir wieder beginnen, uns mit Zellteilung fortzupflanzen. Erste Anzeichen dazu gibt es ja bereits ... Oder glauben Sie allen Ernstes, Reiner Calmunds Bauchumfang wäre lediglich eine Folge seiner Essgewohnheiten?

# DIE GRÖSSTEN VERFÜHRER AUS FILM UND FERNSEHEN

In der Glitzerwelt der bewegten Bilder erscheint alles heller, schöner, strahlender – auch die Verführer haben ein ganz anderes Kaliber als im echten Leben. Ja, die Stars und Figuren, die uns auf der Kinoleinwand oder dem Bildschirm begegnen, stechen den 08/15-Aufreißer, der uns im Alltag über den Weg läuft, einfach um Längen aus. Doch was sind die Geheimnisse ihres Erfolgs? Wir sind dieser Frage anhand einiger prominenter Beispiele nachgegangen:

## 1. TARZAN

***Seine Masche:***

Moderne Männer wissen, wie wichtig es ist, modisch zur Avantgarde zu gehören, um die Ladys ins Bett zu kriegen. Einer der ersten dieser neuen, modebewussten Sorte Mann war ein legendärer Film-Frauenheld: Tarzan. Sein bevorzugtes Designer-Stück, das Modell

„Lendenschurz aus selbst gegerbtem Löwenfell" war seiner Zeit weit voraus und würde selbst heute noch bei manchem Casual Friday im Büro für Aufsehen sorgen.

Sein zweites Plus: Sein „Spielzimmer", ein im tropischen Stil eingerichtetes Baumwipfel-Nest im schwarzafrikanischen Dschungel, mit traumhaftem Blick auf den Sonnenuntergang, dazu ein superbequemes Kingsize-Bett aus Palmblättern. Welche Urwald-Schönheit hätte da widerstehen können?

Allerdings machte Tarzan es sich auch ziemlich leicht: Er datete größtenteils Schimpansinnen und Gorillaweibchen, die kaum in der Lage waren, sich ein paar Dutzend Worte zu merken oder ein plumpes, oberflächliches Klischee in einem Liebesbrief zu durchschauen. Diese Dschungel-Barbies waren natürlich leichte Beute für den smarten Schurz-Jäger.

### Sein größter Erfolg:

Kurz vor dem Ersten Weltkrieg landete eine blonde amerikanische Schönheit namens Jane Porter in Tarzans Palmen-Bett. Die damalige Verteilung der Frauen-Population des westafrikanischen Regenwalds (Schimpansinnen: 150.000, Gorillaweibchen: 20.000, US-Amerikanerinnen: 1) belegt: Tarzan war es gelungen, 100 Prozent aller amerikanischen Touristinnen der Saison 1912/13 flachzulegen. Das soll ihm ein heutiger Gigolo am Strand der Dominikanischen Republik erst einmal nachmachen.

*Sein erfolgreichster Anmach-Spruch:*

„Aaaaaaaaaaaaaaaaaaaaaah-uuuaaau-
uuaaaaaaaaaaaaaaaaaaaaah-uuuaaauu-
uaaaaaaaaaaaahhhh!"

*Wie war der Sex mit ihm?*

Verdammt laut (s. o.)

## 2. DERRICK

*Seine Masche:*

Oberinspektor Stephan Derrick verfügte über eine Fähigkeit, von der selbst erfolgreiche Aufreiß-Experten
nur träumen können: Eine enorm wirkungsvolle Form
der Hypnose, bei der der Hypnotiseur mit einschlä-
fernder Stimme einen monotonen, im Wesentlichen
sinnfreien Text wiedergibt und dabei gleichzeitig das
(weibliche) Opfer mit ausdruckslosem Blick fixiert.
Dabei benötigte Derrick nicht einmal ein Pendel, als
Ersatz fungierten die übergroßen Tränensäcke, die
sein jeweiliges Gegenüber mit ungläubigem Staunen
anstarrte, unfähig, den Blick von diesen Monstrosi-
täten abzuwenden.

Auf diese Weise löste der findige Kriminalist auch
viele seiner Fälle:

„Ich habe zwar keine Beweise, nicht mal Indizi-
en – aber ich bin überzeugt, Sie haben Ihren Gatten
umgebracht. Geben Sie es doch einfach zu, Frau Müller."

„Ja, Herr Oberinspektor. Ich gestehe."

Zwar zeigte die TV-Serie nicht, was nach Dienstschluss so alles passierte, aber man kann sich sicher sein: Wer allein Kraft seiner hypnotischen Persönlichkeit selbst die abgebrühteste Mörderin in wenigen Sekunden zu einem Geständnis bringt, der kriegt ohne die geringste Mühe sogar Supermodels ins Bett.

### *Sein größter Erfolg:*

Derricks Masche brachte mehr als zwanzig Jahre lang jeden Freitag mehrere Millionen Frauen dazu, eine komplett spannungs- und sinnfreie Stunde lang gebannt vor dem Fernsehgerät sitzen zu bleiben. Das war zwar kein Sex im engeren Sinn, aber trotzdem: Was für ein Triumph!*

---

* Dieser Triumph fiel Derrick allerdings geradezu in den Schoß: Die Frauen waren nämlich bereits daran gewöhnt, spannungs- und sinnfreie Zeit mit Männern zu verbringen – und zwar beim Sex mit ihren Gatten. Das war im Zweifelsfall sogar noch langweiliger – und man konnte nebenbei nicht mal ein Schnittchen verdrücken.

***Sein erfolgreichster Anmach-Spruch:***

„Guten Tag, ich bin noch einmal vorbeigekommen, weil ich mit Ihnen ein weiteres Mal über den Mord sprechen muss. Es sind noch einige Fragen aufgetaucht, die einer Klärung bedürfen."

***Wie war der Sex mit ihm?***

Meistens ein flotter Dreier: Assistent Harry war einfach immer und überall dabei.

## 3. SHREK

***Seine Masche:***

Shrek, eines der größten Sexsymbole der jüngeren Kinogeschichte, beherzigt einen der wichtigsten Ratschläge, den Dating-Experten regelmäßig äußern: Sei einfach du selbst. Eine Frau, die sich mit Shrek zu einem Date trifft, weiß sofort, woran sie ist: Er hat eine ungesunde Hautfarbe und hält offensichtlich nichts von modernen Pflegeprodukten, er furzt, rülpst, ernährt sich denkbar ungesund, hat schlimmen Mundgeruch, pöbelt jeden an und prügelt sich – kurz: Er ist das exakte Abbild von Charlie Sheen. Und bei dem klappt es ja auch super mit den Frauen. Shrek hat sogar noch einen Vorteil: Er sieht (abgesehen von der Hautfarbe) schon jetzt so aus wie Charlie Sheen in fünf oder sechs Jahren. Ehrlicher geht's einfach nicht – und das macht ihn unwiderstehlich.

***Sein größter Erfolg:***

Mit der Ehrlichkeits-Masche gelingt es Shrek sogar, in den Hochadel einzuheiraten: Die Königstochter des spätabsolutistisch regierten Kleinstaates Far Far Away verfällt ganz und gar seinem natürlichen Charme. Damit tut er es dem ehemaligen Fitnesstrainer Daniel von Schweden gleich – mit dem Unterschied, dass Shrek seriöser wirkt, als der skandinavische Neu-Prinz.

***Sein erfolgreichster Anmach-Spruch:***

„Gut gerülpst ist halb verdaut."

***Wie ist der Sex mit ihm?***

Schmutzig, sehr schmutzig.

## 4. FRODO BEUTLIN

***Seine Masche:***

Die ganz offensichtlich homosexuelle Hauptfigur aus „Der-Herr-der-Ringe"-Trilogie gehört zur gefährlichsten Sorte Aufreißer: der auf emotionale Erpressung spezialisierte Macho.

Mit seiner cleveren „Ich-bin-doch-nur-ein-überforderter-Hobbit"-Attitüde und einem taktisch geschickt eingesetzten Dackelblick manipuliert er seine jeweiligen Partner.

Sam Gamdschie, zum Beispiel, gerät in eine fatale emotionale Abhängigkeit: Er bekocht Frodo, pflegt ihn, päppelt ihn auf und trägt ihm seine Klamotten hinterher (und am Ende sogar ihn selbst) – und wird zum Schluss doch verlassen.

Doch Sam ist nicht der Einzige – an Frodo ist einfach jeder interessiert, vor allem virile, aggressive Krieger-Typen. So wird er zum Auslöser eines gewaltigen, apokalyptischen kontinentalen Kriegs. Das ist in etwa so, als hätte Helena von Troja nicht den Trojanischen, sondern den Zweiten Weltkrieg verursacht. Hut ab!

### Sein größter Erfolg:

Frodos erotische Wirkung auf Gollum ist so stark, dass dieser sich – als Frodo sich weigert, ihm den Ring an die Hand zu stecken – in die Tiefe und damit in den sicheren Tod stürzt.

### Sein erfolgreichster Anmach-Spruch:

„Gehen wir doch zu mir, Süßer. Legolas wollte auch vorbeikommen."

### Wie war der Sex mit ihm?

Frodo verfügt über ein Kurzschwert, das „Stich" heißt. Noch Fragen?

**B**ereits in der frühen Steinzeit interessierte die Menschheit nur eine einzige Frage. Und diese Frage lautete nicht etwa „Bin ich schneller als der Säbelzahntiger hinter mir?", sondern „Bin ich gut im Bett?". Dies ist umso erstaunlicher, wenn man bedenkt, dass es zur damaligen Zeit noch gar keine Betten gab. Streng genommen hätte die Frage also lauten müssen „Bin ich gut auf nacktem Fels einer feuchten Höhle?" Aber wir schweifen ab ... Um dem Menschen von heute endlich eine Antwort auf die Frage der Fragen geben zu können, haben wir ein Team sauteurer Sexualtherapeuten damit beauftragt, einen Schnelltest zu entwerfen. Hier das Ergebnis:

## SCHNELLTEST

# SIND SIE GUT IM BETT?

--------------------------------------------------------

**FRAGE:** *Sind Sie gut im Bett?*

**A:** Ja. (1 Punkt)

**B:** Nein. (0 Punkte)

### AUSWERTUNG:

1 **PUNKT**: Sie sind gut im Bett.

0 **PUNKTE**: Sie sind nicht gut im Bett.

Wer mit dem Schnelltest auf der vorigen Seite unzufrieden ist, weil es ihm an Tiefe mangelt, kann auf folgenden Test zurückgreifen, den wir selbst entworfen haben:

## NICHT GANZ SO SCHNELLER TEST

## SIND SIE GUT IM BETT?

- - - - - - - - - - - - - - - - - - - - - - - - - - - - - - - - - - - - - - - - - - - -

**FRAGE:** *Welche erotischen Fantasien haben Sie schon geträumt?*

**A:** Alle. (5 Punkte)

**B:** Eine. Nämlich mal Sex zu haben. (0 Punkte)

**C:** Ich träume nicht, weil ich vor lauter Sex nicht zum Schlafen komme. (10 Punkte)

- - - - - - - - - - - - - - - - - - - - - - - - - - - - - - - - - - - - - - - - - - - -

**FRAGE:** *Was ist Fellatio?*

**A:** Italienische Nudel im Teigmantel. (0 Punkte)

**B:** Männliche Nudel im Fleischmantel. (10 Punkte)

**C:** Figur aus einer Oper Mozarts. (5 Punkte)

------------------------------------------------

**F R A G E :** *Ist Ihr Partner mit der Sexualität in Ihrer Beziehung zufrieden?*

**A:** Woher soll ich das wissen? Kann eine Hand reden? (0 Punkte)

**B:** Er schon, aber ich bin mit der Sexualität in unserer Beziehung unzufrieden, weil ich so gut wie nie daran teilnehme. (5 Punkte)

**C:** Welchen meiner 200 Partner meinen Sie? (10 Punkte)

------------------------------------------------

**F R A G E :** *Schalten Sie beim Sex das Licht aus?*

**A:** Ja, es blendet sonst auf dem Computermonitor. (0 Punkte)

**B:** Natürlich nicht. Wie soll man im Dunkeln die Bilder in der *SUPERillu* sehen? (0 Punkte)

**C:** Das müssen Sie meinen Chefbeleuchter fragen. (10 Punkte)

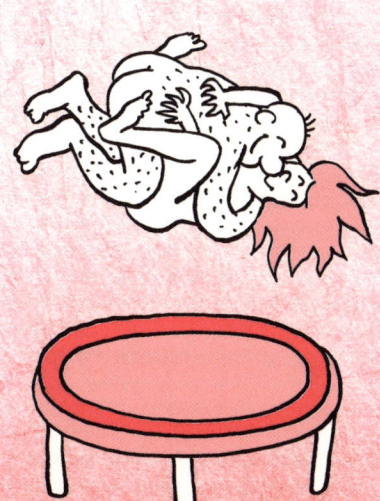

----------------------------------------

**FRAGE:** *Haben Sie es schon mal in der Öffentlichkeit getrieben?*

**A:** Ja. Aber unfreiwillig, weil die Webcam eingeschaltet war. (0 Punkte)

**B:** Nein. Ich weiß nicht, wie man die Webcam einschaltet. (0 Punkte)

**C:** Fragen Sie meinen Chefbeleuchter. (10 Punkte)

----------------------------------------

**FRAGE:** *Was ist die Missionarsstellung?*

**A:** Er oben, sie unten. (10 Punkte)

**B:** Er oben, er unten. (10 Punkte)

**C:** Beide unten. Priester oben. (0 Punkte)

----------------------------------------

**FRAGE:** *Was ist wichtiger beim Sex? Ihr Orgasmus oder der des Partners?*

**A:** Welcher Partner? (0 Punkte)

**B:** Welcher Orgasmus? (0 Punkte)

**C:** Was hat das mit Sex zu tun? (minus 5 Punkte)

----------------------------------------

**FRAGE:** *Haben Sie schon mal einen Orgasmus vorgetäuscht?*

**A:** Einen?! Alle! (0 Punkte)

**B:** Ja. Aber ich hab mir nicht geglaubt. (0 Punkte)

**C:** Nein. Das ist mir zu anstrengend. Wie der ganze Sex mir zu anstrengend ist. Und auch dieser blöde Test. Ich mach lieber noch mal den ersten Test. (0 Punkte)

## AUSWERTUNG:

**MINUS 5 BIS 10 PUNKTE**: Sie sind im Bett ungefähr so aktiv wie ein Sack Kartoffeln. Genau genommen sind Kartoffeln sogar noch aktiver als Sie. Wenn man sie ein bisschen liegen lässt, keimen sie nämlich. Sie vermehren sich also. Etwas, was Sie niemals hinbekämen. Selbst der harmloseste Blümchensex übersteigt ihr Vorstellungsvermögen. Wenn es mehr von Ihnen gäbe, wäre die Menschheit zum Aussterben verdammt. Schämen Sie sich!

**20 BIS 40 PUNKTE**: Geht so. Sie haben zwar Sex, das ist es aber schon. Unter „69" verstehen Sie nicht mehr als die Wurzel aus 4.761, und den G-Punkt ordnen Sie irgendwo zwischen F-Punkt und H-Punkt ein. Hier hilft nur üben, üben, üben! Aber nicht jetzt. Erst weiterlesen.

**45 BIS 90 PUNKTE**: Sie sind ein Sex-Gott. Keine Minute halten Sie es ohne aus. Wie schaffen Sie es eigentlich, diesen Test zu lesen? Oder treiben Sie es etwa auch dabei? Hut ab!

# ORGASMUS-
# PROBLEME
# WELTWEIT

---

## „SEX, RICHTIG VERSTANDEN, IST ETWAS WUNDERSCHÖNES."

Für viele Völker gilt: Sex macht Spaß, ist aber kompliziert. Dabei unterscheiden sich die einzelnen Kulturen bei den Problemen, die sie meistern müssen, um befriedigenden Beischlaf betreiben und zu einem gelungenen Orgasmus kommen zu können. Hier präsentieren wir einige Beispiele, die dies belegen.

### DEUTSCHLAND

Die Deutschen sind ein leistungsbereites, gut organisiertes Volk – auch beim Sex. Nur ein von beiden Partnern exakt gleichzeitig erreichter Orgasmus zählt – und muss sorgfältig vorbereitet sein. Kommt einer der beiden zu früh, muss der Versuch so bald wie möglich wiederholt werden. Der Aufwand für eine als gelungen empfundene Kopulation ist so hoch, dass die Partner dafür häufig sogar Urlaub nehmen und am beruflichen und gesellschaftlichen Leben nicht mehr teilnehmen können, bevor sie dann – physisch und vor allem psychisch zerrüttet – in den Alltag zurückkehren. Dies ist vermutlich einer der Hauptgründe dafür, warum die Deutschen relativ selten Sex haben und dabei nur wenig Nachwuchs zeugen. Hier ein typisches Gespräch eines deutschen Paares bei der Einleitung des Beischlafs:

Sie: „Wie sieht's bei dir aus, Schatz?"

Er: „Läuft alles nach Plan: Langsame, aber stetige Steigerung, erst die Novemberausgabe der *Praline,* dann am Bildschirm 15 Minuten *Youporn.* Erregungslevel liegt jetzt schätzungsweise bei 70 bis 75 Prozent. Und du?"

Sie: „Habe dreißig Minuten konzentriert an Colin Farrell gedacht und Schlüsselszenen von ‚Shades of Grey' mit ihm visualisiert. Bin bei 98 bis 99 Prozent."

Er: „So früh? Verdammt, das ist zu viel! Wenn wir jetzt anfangen, hol ich das nie wieder auf!"

Man sieht: Der Aufwand, um die notwendige Präzision zu erreichen, ist enorm. Bis der optimale Koeffizient von Erektionsneigungswinkel und Vaginalsekretmenge erreicht ist, vergehen oft viele Stunden, manchmal Tage. Maßnahmen zur Feinjustierung sind häufig kompliziert – und sogar gefährlich: So kann der weibliche Erregungslevel heruntergefahren werden, zum Beispiel durch das intensive Visualisieren einer Bundestagsrede von Sigmar Gabriel. Wird diese Maßnahme jedoch unkontrolliert und zu häufig

angewendet, führt sie häufig zu schweren Schädi-
gungen – bis hin zum Verlust jeglichen sexuellen
Lustempfindens auf Lebenszeit.

## JAPAN

Die Japaner haben beim Sex ganz andere Probleme:
Die Orgasmus-Schreie. Während die Frauen dort in
ein hochfrequentes nervöses Quietschen verfallen,
geben ihre männlichen Sexpartner ein knarrendes
gutturales Brummen von sich. Männliche Sexualpartner verlassen häufig in Eile das Bett, weil sie die
Orgasmus-Schreie ihrer Partnerin mit dem Pfeifen
des Teekessels verwechseln und diesen schnell vom
Herd nehmen wollen.

Gefahr droht allerdings vor allem bei einem syn-
chronen Orgasmus der Partner: Die gleichzeitige
Druckbeschallung auf sehr hohen und sehr niedrigen

Frequenzen kann zerstörerische Schockwellen verursachen. So wurde beispielsweise der Tsunami von Fukushima 2011 von einem sexuell hochaktiven, unvorsichtigen Paar auf einem Kreuzfahrtdampfer vor der Küste von Honshu ausgelöst.

## SPANIEN

Auf der Iberischen Halbinsel haben es vor allem die spanischen Frauen schwer, zu einem befriedigenden Orgasmus zu kommen. Der Grund dafür: Der spanische Mann.

Dieser identifiziert sich nämlich oft übermäßig mit dem nationalen Sexsymbol, dem Torero. Jetzt sollte man meinen: Erotisch lustvolle Penetration, nur mit einem stumpferen, weniger gefährlichen Werkzeug als Degen oder Banderilla – das passt schon. Aber: Der Torero zeichnet sich vor allem dadurch aus, dass er in der Arena – sobald Action angesagt ist – in einem Zustand totenähnlicher Starre verharrt und abwartet, was sein Gegenüber tut, um dann blitzschnell auszuweichen. Die Nachahmung dieses Verhaltensmusters macht Sex zu einer überaus mühseligen und zeitraubenden Angelegenheit und hat schon viele spanische Frauen zur Verzweiflung getrieben. Nicht umsonst ist der Spielfilm ‚Frauen am Rande des Nervenzusammenbruchs‘ eine der erfolgreichsten spanischen Produktionen aller Zeiten.

Auch die spanische Volkswirtschaft leidet enorm unter diesem Verhalten: Der spanische Mann ist im

Durchschnitt pro Jahr 12 Tage krankgeschrieben, aufgrund von Verstauchungen oder Quetschungen, die er beim Sex erlitten hat, während er bei den waghalsigen Ausweichmanövern aus dem Bett fiel.

## USA

In den Vereinigten Staaten ist weniger der Orgasmus das Problem, als vielmehr das, was danach passiert. Die Amerikaner, angefeuert von dem ungebremsten Enthusiasmus, für den sie bekannt und beliebt sind, belassen es nämlich beim Erreichen des Orgasmus nicht beim bloßen Schreien – sie unterstreichen ihre Ekstase gern noch durch eine Salve, die sie aus dem Revolver, der in ihrer Nachttischschublade lagert, abfeuern. Dieser Brauch ist derart beliebt, dass man vermutet, dass viele Amerikaner nur deshalb Sex haben, weil es ihnen eine Gelegenheit gibt, am Ende nach Herzenslust in der Gegend herumzuballern. Die Kopulation vorher ist nur eine billigend in Kauf genommene Begleiterscheinung.

Probleme bereitet diese Sitte vor allem bei Stromausfällen: Einerseits erhöht sich bei diesen Gelegenheiten die sexuelle Aktivität der betroffenen Einwohner enorm – und gleichzeitig ist das Herumschießen im Dunkeln mit gewissen Risiken verbunden. Beim letzten großen Stromausfall in New York kamen insgesamt 554 Menschen ums Leben, 511 davon hingestreckt durch fehlgeleitete Projektile bei postorgasmischen Jubelsalven aus Nachttisch-Revolvern.

## ENGLAND

Die Engländer wissen: Sex ist in erster Linie eine Charakterfrage. Sie sind eines der höflichsten Völker der Welt. Das vereinfacht das soziale Leben, aber den Sex verkompliziert es enorm:

Er: „Entschuldige, meine Liebe. Würde es sehr stören, wenn ich eine Zwischenfrage äußern würde?"

Sie: „Aber natürlich nicht, mein Lieber. Ich finde es außerdem sehr rücksichtsvoll, dass du hierfür abgewartet hast, bis du mit dem Cunnilingus fertig warst."

Er: „Guter Gott, das war doch selbstredend, meine Liebe. Nun also zu meiner Frage: Ich bemerke, dass für mich unaufhaltsam der Zeitpunkt der Ejakulation näherrückt ..."

Sie: „Wie erfreulich."

Er: „Ja schon, aber das ist nicht das, worum es mir geht. Wenn es nicht zu unhöflich ist: Würde es dir etwas ausmachen, dich möglicherweise noch etwas mehr gehen zu lassen und noch ein wenig mehr in Ekstase zu geraten? Natürlich nur, falls es keine Umstände macht."

Sie: „Damit ich vor dir zum Höhepunkt gelange?"

Er: „Ja. Es wäre mir schrecklich unangenehm, wenn ich mich da vordrängeln würde."

Sie: „Das macht doch gar nichts. Es wäre mir eine Freude, dir den Vortritt zu lassen, mein Lieber."

Er: „Du bist zu freundlich, meine Liebe. Aber das kann ich leider nicht akzeptieren."

Sie: „Ich fürchte, ich muss darauf bestehen."

Er: „In diesem Fall fände ich es von größter Unhöflichkeit, meine Anstrengungen fortzusetzen. Vor dir zum Orgasmus zu gelangen, wäre ein unverzeihlicher Fauxpas."

Sie: „Ich sehe ebenfalls keine andere Lösung, als aufzuhören. Hervorragender Kompromiss, muss ich sagen."

Er: „Du beschämst mich, meine Liebe."

Sie: „Nicht im mindesten, nicht im mindesten."

Kein Wunder, dass Großbritannien in sämtlichen Sex-Statistiken international weit hinten liegt. So hat jeder Brasilianer im Schnitt 2,5 Orgasmen pro Woche, jeder Engländer aber nur 0,2 – pro Jahr.

# Die Bastelecke TEIL 1

## FÜR FRAUEN

Viele Frauen kennen das Problem: Sie haben Lust auf Sex, aber Ihr Partner ist unterwegs. Abhilfe zu schaffen ist schwierig, denn entsprechende Liebesspielzeuge sind häufig völlig überteuert, und die bei der Herstellung verwendeten Kunststoffe enthalten krebserregende Chemikalien. Warum also nicht auf eine billige und schadstofffreie Variante zurückgreifen: den 2D-Dildo zum Selberbasteln!

Die Anfertigung ist kinderleicht. Öffnen Sie die Hose Ihres Partners und legen Sie sein bestes Stück auf einen Bogen Bastelkarton. Wichtig: Sowohl das beste Stück als auch der Bastelkarton sollten steif sein. Jetzt nehmen Sie eine Spraydose mit abwaschbarer Farbe und besprühen seinen Schniedelwutz so lange damit, bis sich die Umrisse auf dem Karton deutlich abzeichnen. Benutzen Sie für das Besprühen auf keinen Fall Autolack, da sich dieser, wenn überhaupt, nur mit einer Flex oder sehr grobem Schmirgelpapier (Körnung 40) entfernen lässt. Vor allem Anhängern der Freikörperkultur ist von Lackfarben dringend abzuraten, da es äußerst demütigend sein kann, mit einem marsroten, kobaltblauen oder metallicgrünen Dödel über den FKK-Strand zu laufen.

Das, was Sie jetzt als leere Fläche auf dem Bastelkarton sehen, ist Ihre Schablone, die Sie im Anschluss mit einer Schere ausschneiden und mit wasserfester Farbe in einem hautfarbenen Ton anmalen. Wenn Sie möchten, können Sie Ihren Joystick nun mit dekorativen Mustern (Blümchen, Herzchen etc.) oder, für die realistischere Variante, mit feinen blauen Äderchen verzieren. Dafür nehmen Sie eine aufgerollte Lakritzschnecke, die Sie mit Lebensmittelfarbe blau einfärben. Anschließend schneiden Sie sie in verschieden große Teile und bringen diese dann mit Sekundenkleber auf die Schablone auf. Kleiner Tipp: Benutzen Sie den Sekundenkleber erst, wenn sich das beste Stück Ihres Partners wieder in seiner Hose befindet. Ansonsten kann dies zu äußerst unangenehmen Kollateralschäden und immens hohen Rechnungen Ihres Dermatologen führen. Den gesamten Vorgang wiederholen Sie nun für die Rückseite der Schablone. Sobald die Farbe getrocknet ist, ist Ihr 2D-Dildo auch schon fertig. Falls Sie mit der Farbe und dem Sekundenkleber trotz unserer Warnungen nicht aufgepasst haben sollten, können Sie den 2D-Dildo jetzt gut gebrauchen, denn das Original steht Ihnen frühestens in zwei Jahren wieder zur Verfügung, wenn überhaupt. Wir wünschen viel Spaß!

# Das Lümmel-Lineal

**N**icht nur bei zünftigen Kneipenabenden und nach fünfzehn Gläsern Bier kommt unter Männern die Frage auf: „Wer hat den Längsten?" Und auch den Frauen kommt es – im Widerspruch zu einer bekannten Redensart – sehr wohl auf die Größe an. Damit Sie diese dringliche Frage im Kreise Ihrer Freunde und Kollegen in Zukunft wahrheitsgemäß beantworten können, haben wir diesen praktischen Größenmesser entworfen. Sie können damit natürlich auch sinnvollere Dinge nachmessen, z. B. Ihren Bizeps-Umfang (Seiten einfach knicken!), oder wie weit der Kirschbaum Ihres Nachbarn in Ihren Garten hineinragt.

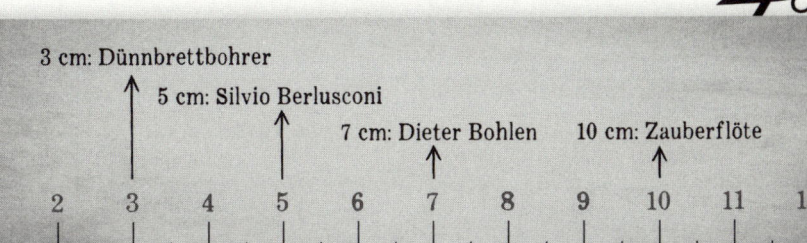

3 cm: Dünnbrettbohrer

5 cm: Silvio Berlusconi

7 cm: Dieter Bohlen

10 cm: Zauberflöte

1 2 3 4 5 6 7 8 9 10 11 12

# HÄNSEL & GRETEL UND DIE DUNKLEN TUNNEL

In einem großen Hochhaus lagen ein armer arbeitsloser Mann und seine arme arbeitslose Frau im Bett und hatten sich lieb. Im Skrotum des Mannes saßen indes die kleinen Spermien, und weil es plötzlich so heftig rumpelte und pumpelte, befiel sie eine große Angst. Vor allem zwei von ihnen, die Hänsel und Gretel hießen.

„Was passiert hier?", rief Hänsel ängstlich.

„Ich weiß es auch nicht", antwortete Gretel, „ich habe das Gefühl, wir müssen unser kleines Nestchen hier bald verlassen."

Und ehe die beiden sich versahen, wurden sie von einer großen, unsichtbaren Kraft in einen dunklen Tunnel gezogen. Uiiii, da schrien sie vor lauter Angst und bangten um ihr Leben. Sie versuchten, in dem finsteren Gang einen Weg zurückzufinden, doch alle Mühe war vergebens. Schon bald wurden sie aus dem einen Tunnel hinaus- und in einen anderen Tunnel hineingeschleudert. Dieser war größer und länger als der erste Tunnel, und diesmal ging es noch tiefer hinein, an einen Ort, wo sie ihren Lebtag noch nicht

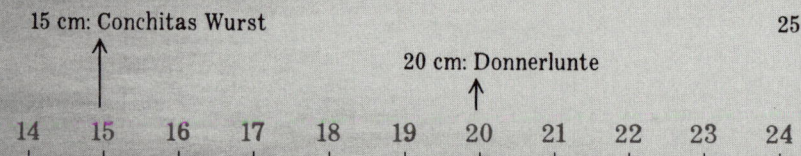

15 cm: Conchitas Wurst

20 cm: Donnerlunte

25

13　14　15　16　17　18　19　20　21　22　23　24

gewesen waren. Dort war es feucht und glitschig, und weil sie sich nicht anders zu helfen wussten, fingen sie an mit ihren langen Schwänzchen zu wedeln, um schneller voranzukommen. Aber sie gerieten nur immer tiefer in das Dunkel hinein, bis sie zu einem ovalen, seltsam gebogenen Gebilde gelangten.

„Das muss die Eizelle sein!", rief Hänsel freudig aus.

„Da werden wir uns gleich dranmachen." Er beugte sein Köpfchen nach vorne und stieß es mit voller Wucht in das Ei hinein. „Schließlich wollen wir ja als Teil der Oogenese im Ovarium zu einer Zygote heranwachsen, die sich dann im Laufe weniger Wochen zu einem Embryo entwickelt."

Gretel, die ihren Bruder für einen ziemlichen Klugscheißer hielt, schüttelte genervt den Kopf, stieß selbigen dann aber ebenfalls in das Ei. Da rief eine feine Stimme: „Knusper, knusper, Organelle, wer klopft hier gegen meine Zelle?"

Die Kinder antworteten: „Bumbum, bumbum, das Spermium", und bohrten ihre Köpfchen weiter in das Ei hinein.

Da erschien eine alte Frau und sagte: „Ei, so ist es brav, ihr lieben Kinder, macht nur weiter, es geschieht euch kein Leid."

Die Alte stellte sich aber nur so freundlich an, in Wirklichkeit war sie eine böse Scheidenzäpfchenhexe – und das Ei war gar kein Ei, sondern ein fürchterliches Diaphragma.

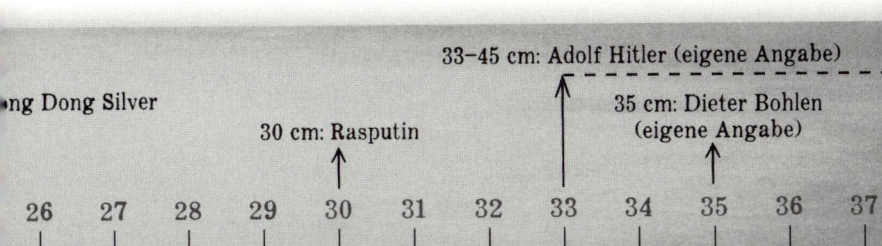

ng Dong Silver

30 cm: Rasputin

33–45 cm: Adolf Hitler (eigene Angabe)

35 cm: Dieter Bohlen (eigene Angabe)

26 27 28 29 30 31 32 33 34 35 36 37

Was Hänsel und Gretel nicht wissen konnten: Der arme Arbeitslose, der sie auf die Reise geschickt hatte, wollte unbedingt Kinder haben, aber seine Frau war dagegen. Sie meinte, dass Kinder einem nur die Haare vom Kopf fressen und sie und ihr Mann dann noch ärmer würden, als sie ohnehin schon waren. Deshalb hatte sie, ohne dass ihr Mann davon wusste, gleich doppelt verhütet: mit Diaphragma und Zäpfchen.

Hänsel und Gretel indes waren starr vor Angst. Die Hexe hatte begonnen, sich in ein schaumiges Spermizid zu verwandeln und wollte die Kinder töten. Gretel fing an bitterlich zu weinen. Die spermizide Alte aber bewegte sich langsam auf sie zu. Hänsel und Gretel wichen verzweifelt vor ihr zurück. Wenn sie sie erreicht hätte, würde sie sich mit ihrer schaumigen Masse um sie schmiegen, so dass sie qualvoll sterben müssten.

Die Alte war schon fast bei ihnen, da rief der schlaue Hänsel listig: „Schau'n Sie mal ... hinter Ihnen, da steht ein rosa Elefant!"

Und als die Alte sich daraufhin überrascht umdrehte, stieß er sie mit voller Wucht in den Rücken, so dass sie gegen das Diaphragma flog.

Flugs rappelte sich die Alte auf und lachte: „Ihr werdet mir trotzdem nicht entwischen."

Doch im selben Augenblick bildete sich eine winzig kleine Öffnung in dem Silikon, aus dem das Diaphragma gemacht war; genau an *der* Stelle, gegen die die Hexe vorher geflogen war.

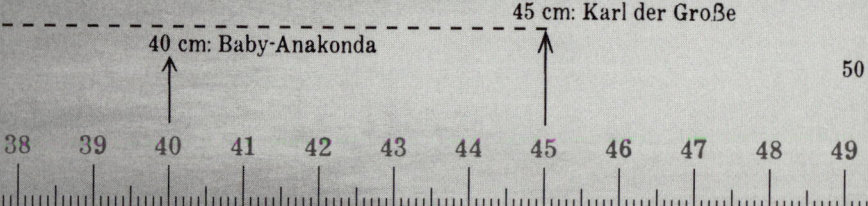

„Gretel, schau", rief Hänsel freudig. „Es öffnet sich. So können wir entkommen."

Die Alte blickte erstaunt auf die Öffnung in dem Diaphragma, dann wurde ihr mit einem Schlage klar: Das Scheidenzäpfchen war nicht mit Spermiziden auf Wasserbasis hergestellt worden, und so hatte es das Silikon porös gemacht. Genau so hatte es sich der neunmalkluge Hänsel vorher ausgerechnet, und eh die Alte sich's versah, waren die Kinder durch die Öffnung geschlüpft und entkommen.

„Huuuuuu!" Da fing sie ganz grauselich an zu heulen, aber Hänsel und Gretel schwammen schnell weiter, und die nunmehr vollständig aufgelöste Scheidenzäpfchenhexe musste elendiglich vertrocknen.

Die Kinder kamen indes auf ihrem Weg durch den Eileiter an dem hochprismatischen Flimmerepithel und den wunderschönen Kinozilien vorbei und erreichten schließlich die Eizelle, die bereits ungeduldig auf sie wartete. Freudig schwammen die Kinder auf sie zu, bohrten ihre Köpfchen in sie hinein und verschwanden schließlich in ihr.

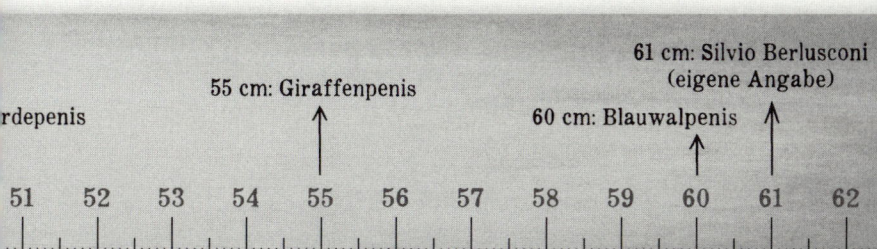

Es verging eine lange Zeit. Aus den kleinen Spermien Hänsel und Gretel waren große Embryos geworden.

Eines Tages, als die beiden wie immer in der Fruchtblase vor sich hin schaukelten, platzte diese, und die beiden erschraken sich fürchterlich. „Was passiert hier?", rief Hänsel ängstlich.

„Ich weiß es auch nicht", antwortete Gretel, „ich habe das Gefühl, wir müssen unser kleines Nestchen hier bald verlassen."

Und genauso geschah es. Wieder mussten die beiden durch einen Tunnel, nur dieses Mal sahen sie ein Licht an dessen Ende, und bald tauchten sie ein in ein Meer aus gleißenden Sonnenstrahlen und landeten in den Armen eines männlichen Wesens, das sich ihnen als ihr Vater vorstellte und vor lauter Glück, seine heiß ersehnten Kinderlein endlich leibhaftig zu sehen, herzzerreißend weinte.

Die hartherzige Mutter hingegen, die ja gar keine Kinder haben wollte, war bei der Geburt gestorben, weil sie sich so sehr über ihre mangelhafte Verhütung ärgerte, dass sie kurz nach der Entbindung der Zwillinge vor Wut platzte.

Hänsel und Gretel indes fielen ihrem überglücklichen Vater um den Hals und begannen fürchterlich zu schreien. Da hatten alle Sorgen ein Ende, und sie lebten glücklich zusammen bis ans Ende ihrer Tage.

Na ja, nicht ganz ... Denn schon bald warteten auf Hänsel und Gretel so fiese Dinge wie Tetanusimpfung, musikalische Frühförderung, Alkopops, der erste Sex und der ganze andere Quatsch, mit dem sich Kinder und Jugendliche heutzutage herumschlagen müssen. Aber das ist eine andere Geschichte ...

# Orgasmusschreie

**WELTWEIT**

**Norwegen:** Jø

**Schweiz:** Holleri-du-dödel-dooooooooooooooooooooooooo!

**Italien:** Mamma mia, porca miseria, canale grande, condomi kaputto!

**Vatikanstaat:** Aaaaaaaaaaaaaaaaaaaaaaaaaaaaaaaaaaaaaa-men!

**USA:** Yes, we can!

**Brasilien:** Goooooooooooooooooooooooooooooooooooool!

**Mexiko:** Arriba, arriba, ay, ay, ay, ay, ay, ay, ay, ay, ay, ay, ay!

**China:** Sing Ding in ming Ding ringelingeling!

**Nord-Korea:** Ich freue mich, dem großem Führer ein Kind schenken zu dürfen!

**Australien:** Didgeridoooooooooooooooooooooooooooooooo!

**Ägypten:**

# TRENDFRISUREN

**E**in Blick unter die Achseln von Madonna verrät: Man trägt wieder Haar. Und zwar auch an anderen Stellen des Körpers. Damit Sie bei Ihrem nächsten

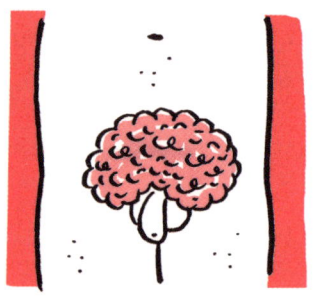

Atze-Schröder-Ondulation
(früher auch „Tante-Käthe-
Welle" genannt)

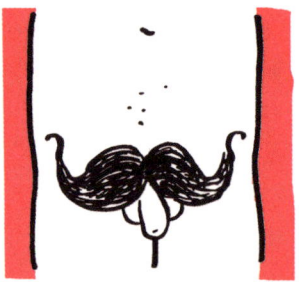

Horst-Lichter-Bürste

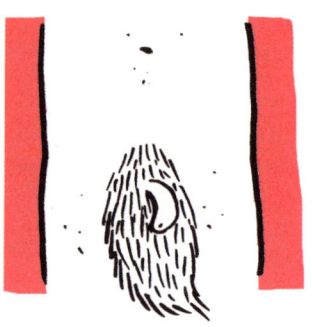

Karl-Marx-Zopf

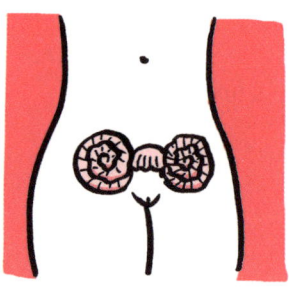

Prinzessin-Leia-Schnecken

Schäferstündchen nicht unmodern dastehen, folgt hier ein Überblick der angesagtesten Schnitte und Looks für die Frisur zwischen Ihren Beinen.

Ob „Oku-Ula" (oben kurz, unten lang), oder klassischer Afrolook – für jede Haarlänge und -struktur ist bestimmt die passende Trendfrisur dabei.

Dschingis-Khan-Strähnchen

Mutti-Merkel-Pony

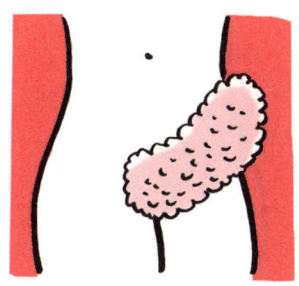

Marge-Simpson-Wedel

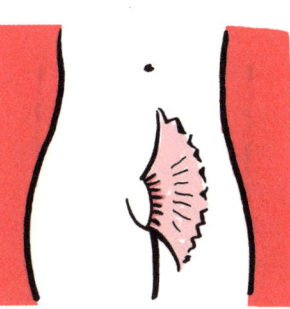

Bill-Kaulitz-Iro

# LEXIKON

**DAS ERSTE MAL.**

**ALTES TESTAMENT:** Hier war das erste Mal ein Synonym für das Zeichen, das Gott dem Brudermörder Kain auferlegte. Hätte Kain noch einmal getötet, hätte er das zweite Mal erhalten und wäre von zu Hause verbannt worden (→ siehe auch „gelbe/gelb-rote Karte").

**IN DER SEXUALFORSCHUNG** ein Begriff für den ersten Geschlechtsverkehr. Kennzeichnend für das erste Mal ist ein erhöhter Schweißausstoß, verursacht durch die extreme Nervosität beider Sexualpartner. Auch kommt es häufig zu einem unsachgemäßen Gebrauch von Verhütungsmitteln (Kondom über dem Kopf, orale Einnahme des Scheidenzäpfchens o. Ä.) und dadurch zu ungewollten Schwangerschaften. Letztere werden in zahlreichen Familien in der weiblichen Linie weitervererbt. Weitere klassische Symptome sind bei Mädchen: unmotiviertes Giggeln, Lähmungserscheinungen am gesamten Körper und ein meist schon nach wenigen Sekunden durch akute Langeweile verursachtes, lautes Gähnen. Bei den Jungen kommt es dagegen meist zu einem nervösen, suchenden Abtasten des weiblichen Unterleibs, für den Menschen untypische Grunzlaute und fast immer zu vorzeitigem Samenerguss. (Siehe auch →„Papa ante Portas" und →„Gorbatschow, Michail: ‚Wer zu früh kommt, den bestraft das Leben'").

**DAS ERSTE ERSTE MAL**, vollzogen in der christlich-jüdischen Mythologie Adam und Eva. Sie hatten zuvor ein Libido steigerndes Mittel eingenommen, das vom damaligen Bundesinstitut für Arzneimittel nicht zugelassen war und mussten deshalb zur Strafe ihre Heimat verlassen.

**DAS BERÜHMTESTE ERSTE MAL** fand vermutlich zwischen den beiden italienischen Jugendlichen Romeo Montague und Julia Capulet statt. Hier zeigte sich die Unerfahrenheit der Liebenden u. a. in der mangelnden Fähigkeit, die Singvögel ihrer Heimat ordnungsgemäß voneinander zu unterscheiden.

# DAS ERSTE MAL
## DAMALS UND HEUTE

**S**ex ist verdammt aufregend – und das, obwohl sich an der ganzen Sache im Prinzip seit ein paar hunderttausend Jahren nichts geändert hat und sich langsam ein Gewöhnungseffekt einstellen müsste. Auch der *erste Sex* verlief lange Zeit in recht eingefahrenen Bahnen  – ob in der Steinzeit, im Mittelalter oder in den Achtzigerjahren: Ein junges Pärchen absentierte sich von der Horde, suchte ein verschwiegenes Plätzchen auf und probierte dort ebenso unbeholfen wie panisch herum, ob der ganze Schweinkram, von dem man bis dahin nur nebulöse Vorstellungen gewonnen hatte, auch in der Realität funktioniert. Danach war man froh, dass man es hinter sich hatte, grinste aber stolz und hoffte, dass jeder mitbekam, dass man jetzt ein ganz neuer, viel coolerer Mensch war (was natürlich nie passierte).

Doch die Welt ändert sich in rasender Geschwindigkeit, und vieles Althergebrachte verschwindet. Auch das „erste Mal"? Wir haben das überprüft und dafür zwei junge Paare aus den Jahren 1980 und 2015 verglichen.

### 1980 · EINE WOCHE VOR DEM ERSTEN MAL:

Uwe (16) und seine Freundin Ulrike (16) reden miteinander. Sie beschließen, dass sie am nächsten Wochenende zum ersten Mal Sex haben werden.

Leon (16) schickt seiner Freundin Lena (16) eine WhatsApp-Nachricht: Emojis mit blinkenden Herzchen und lüstern herausgestreckter Zunge. Lena antwortet mit einem begeistert nickenden Emoji.

Ulrike wäscht ihre Lieblingsjeans.

Lena ersteht auf eBay einen geschlitzten Micro-Mini-Lederrock im Wet-Look, ein Reizwäsche-Set der Marke „Dirty & Slutty", Netzstümpfe, dazu einen passenden Straps-Gürtel mit Kettentop, ein geschnürtes Fetisch-Latexkorsett und silberglänzende Stripper-Heels mit 15 cm-Absätzen.

Ulrike würde gern jemandem von dieser großen Sache erzählen, aber das Thema ist ihr einfach zu peinlich, selbst ihren besten Freundinnen gegenüber. Uwe geht es genauso.

Lena erzählt niemandem von dieser großen Sache – sie twittert es lieber. Gleichzeitig ändert sie ihren Facebook-Status in „Beinahe-Ex-Jungfrau". Sie erhält dafür mehrere Dutzend Likes und fast genauso viele Kommentare, darunter zweimal „Go, Chica!" und fünfzehnmal „YOLO". Vanessa, ihre beste Facebook-Freundin seit vielen Jahren, ist derart beeindruckt, dass sie in einer Privatmessage an Lena den Vorschlag macht, sich persönlich kennenzulernen. Leon bleibt zwar verschwiegen, ändert aber seinen Facebook-Namen in „Bitch-Banger".

### 1980 · ZEHN STUNDEN VOR DEM ERSTEN MAL:

Ulrike schaut sich stundenlang im Spiegel an und überprüft mit kritischem Blick ihr Aussehen. Sie überlegt, noch einmal zum Friseur zu gehen, entscheidet sich aber dagegen und wäscht sich stattdessen die Haare mit einem guten Shampoo. Jetzt ist sie bereit für den großen Moment.

### 2015 · ZEHN STUNDEN VOR DEM ERSTEN MAL:

Leon schaut sich stundenlang im Spiegel an und überprüft mit kritischem Blick sein Aussehen. Danach sucht er erst mal seinen Lieblingsfriseur auf und lässt seine Frisur wieder in Form bringen. Wieder zu Hause, behandelt er seinen Körper mit einer ph-neutralen Hautlotion, einer Feuchtigkeitscreme und einer Thermalwasser-Emulsion, bevor er sich die Augenbrauen zupft und die Barthaare sowie die gesamte Körperbehaarung unterhalb des Kopfes sorgfältig abrasiert. Die davon strapazierte Haut pflegt er mit Jojoba-Öl und reinigt dann seine Gesichtsporen mit einem Peeling auf Aprikosenkern-Basis, mattiert glänzende und unreine Stellen durch das Auftragen eines Gesichts-Tonikums, sprüht noch etwas Selbstbräuner auf und reibt abschließend seine Hände mit Pflegemilch ein. Jetzt ist er bereit für den großen Moment.

### 1980 · BEIM ERSTEN MAL:

Ulrike und Uwe stellen sich unbeholfen bis panisch an und sind erleichtert, als sie es hinter sich haben. Nachher sitzen sie gemeinsam auf dem Balkon: Dort ist es in Mondnächten am romantischsten.

### 2015 · BEIM ERSTEN MAL:

Lena und Leon stellen sich unbeholfen bis panisch an und sind erleichtert, als sie es hinter sich haben. Nachher sitzen sie gemeinsam auf dem Balkon: Dort ist der Empfang am besten und sie können Berichte über das große Ereignis posten.

### 1980 · DREI MONATE NACH DEM ERSTEN MAL:

Ulrike macht mit Uwe Schluss, als sie entdeckt, dass er sie mit einer Klassenkameradin betrogen hat.

### 2015 · DREI MONATE NACH DEM ERSTEN MAL:

Lena ändert ihren Beziehungsstatus in „Single", als sie entdeckt, dass Leon sie heimlich beim Sex gefilmt hat und das Ergebnis auf einer Amateur-Sex-Seite eingestellt hat. Als sie jedoch merkt, dass ihr Porno-Auftritt bereits 300.000 Klicks hatte und durchschnittlich mit fünf von fünf Sternen bewertet wurde, verzeiht sie Leon und setzt die Beziehung mit ihm fort.

# WELCHE HIRNREGIONEN

Brad Pitt-Vorstellungs-generator

Migräne-Notfall-drüse. Tritt bei Versagen des Brad Pitt-Vorstellungs-generators augenblicklich in Aktion.

HVZ (Höhepunkt-Vortäuschungs-zentrum)

Präzisions-zeitmesser. Sendet nach 150 Sekunden einen Impuls ans HVZ.

Verständnis-Vortäuschungs-speicher (VVS). Beinhaltet un-endlich viele Verständnis-Phrasen für den Fall einer Erektions-störung beim Partner.

Vorspiel-Imaginations-lappen (VIL). Hilft der Frau das Ausziehen von Herren-socken und Feinripp-unterhosen als Vorspiel wahrzu-nehmen.

Alimente-Rechenzentrum. Berechnet für die Möglichkeit einer Schwanger-schaft die Höhe der Unterhalts-forderungen.

Belohnungsregion. Rechnet die erbrachte sexuelle Leistung der Frau in die Anzahl der zu erwartenden Schmuck-geschenke um. Bei starker Inanspruch-nahme des VIL wird das Ergebnis automatisch verdoppelt.

Mundgeruch-Ausblendungs-drüse

Zufallsgenerator für Lustschreie. Generiert alle 30 Sekunden ein „Ah", „Oh" oder „Uh".

Spottgelächter-Vermeidungs-system. Arbeitet eng mit dem VVS und der Belohnungs-region zusammen.

Erlebnis-Translator. Speichert den erlebten Sex für den Tratsch mit den Freundinnen in den schillerndsten Farben.

# WERDEN BEIM SEX ANGEREGT?

## BEIM MANN

**Angelina Jolie-Vorstellungsgenerator (AJVG).** Unter anderem verantwortlich für die visuelle Weichzeichnung von Orangenhaut etc.

**Donatella Versace-Antagonist.** Gegenspieler des AJVG. Wird aktiv bei Gefahr eines vorzeitigen Samenergusses. Stellt nach einer Akt-Dauer von über 30 Sekunden automatisch seine Funktion ein.

**Postsexuelle Schlafdrüse.** Schüttet eine Zehntelsekunde nach dem Orgasmus Botenstoffe aus, die zum sofortigen Schlaf führen.

**Akustischer Taktgeber.** Schüttet eine Zehntelsekunde nach dem Einschlafen Botenstoffe aus, die zum sofortigen Schnarchen führen.

**Casanova-Cortex.** Speichert die Zahl der Sexualpartnerinnen und multipliziert sie im Unterbewusstsein mit 10.

**Große Autosuggestions-Drüse.** Lässt in der Wahrnehmung des Mannes seinen Penis doppelt so groß erscheinen.

**Alimente-Rechenzentrum.** Berechnet für die Möglichkeit einer Schwangerschaft die Höhe der Unterhaltsforderungen. (Interessant: Obwohl im Gehirn der Frau beim Sex dieselbe Region tätig ist, kommt die des Mannes grundsätzlich zu einem anderen Ergebnis.)

**Kleine Autosuggestionsdrüse.** Lässt in der Wahrnehmung des Mannes sein eigenes Äußeres attraktiv erscheinen.

**Opdenhövel-Thalamus.** Erzeugt sonntags, kurz vor der Sportschau, zuverlässig diverse Hemmstoffe, die jegliche sexuelle Aktivität augenblicklich zum Erliegen bringen.

53

# WAS WISSEN SIE ÜBER DAS VORSPIEL?

**S**ex ist, wenn's gut geht, eine tolle Sache. Immer wieder aber tauchen Schwierigkeiten und Hindernisse auf, die den Spaß aller Beteiligten mindern. Die größte Hürde lauert schon ganz am Anfang: das Vorspiel. Hier zeigt sich, dass die Verschiedenheit der Geschlechter, die meist den Sex erst ermöglicht, ihn gleichzeitig auch ziemlich erschweren kann – vor allem, wenn es sich bei einem der beteiligten Geschlechter um Männer handelt.

Darum folgt hier unser großer Test für den modernen Mann: Können Sie das Liebesspiel kunstvoll einleiten und Ihre Partnerin zärtlich auf den Sex einstimmen?

---------------------------------------------------------------

**FRAGE 1:** Wie lange dauert das Vorspiel bei Ihnen normalerweise?

**a** 0,00041 Nanosekunden. (0 Punkte)

**b** Vorspiel? Was zum Teufel ist das denn? (0 Punkte)

**c** So lange, wie ich brauche, um ihn rauszuholen, reinzustecken und sie dann zu nageln – eben das Vorspiel, bis ich komme und auf ihr einschlafe. Also etwa dreißig Minuten. (0 Punkte)

**d** So lange, wie ich brauche, um ihn rauszuholen, reinzustecken und sie dann zu nageln – eben das Vorspiel, bis ich komme und auf ihr einschlafe. Also etwa dreißig Sekunden. (- 50 Punkte)

---------------------------------------------------------------

**FRAGE 2:** Es kann sehr anregend sein, wenn die Partner sich gegenseitig beim Masturbieren zusehen. Könnten Sie sich das auch vorstellen?

**a** In 0,00041 Nanosekunden?! Das wird verdammt knapp. (0 Punkte)

**b** Ich hab eh heimlich Kameras in der Dusche und im Schlafzimmer angebracht. Was soll mir das also bringen? (0 Punkte)

**c** Wie??? Masturbieren – das tut *SIE* auch??? (0 Punkte)

**d** Klar – wenn's nebenbei was zu futtern gibt. (0 Punkte)

----------------------------------------

**FRAGE 3:** Was ist der Grund, warum Frauen das Vorspiel, und die damit verbundene Intimität, so wichtig ist?

**a** Grausamkeit. (0 Punkte)

**b** Rache. (0 Punkte)

**c** Weil Frauen eh immer alles verkomplizieren müssen – sogar den Sex. (0 Punkte)

**d** Vorspiel, Vorspiel ... helfen Sie mir noch mal auf die Sprünge ... jetzt hab ich's doch schon wieder vergessen ... (0 Punkte)

----------------------------------------

**FRAGE 4:** Beim Vorspiel geht es ja auch um zärtliche Stimulation der Geschlechtsorgane. Wo liegt die Klitoris?

**a** An der Frau. (50 Punkte)

**b** In Italien. (0 Punkte)

**c** Untenrum. (1 Punkt)

**d** Vorspiel, das war noch mal ... äh, ... was genau? Verdammt, irgendwie entschlüpft es mir immer ... (0 Punkte)

------------------------------------------------

**FRAGE 5:** Wichtig ist es auch, dass die Fantasie nicht zu kurz kommt. Denn die Sexualforschung hat herausgefunden: Das größte Sexualorgan ist …

**a** … das Gehirn. (50 Punkte)

**b** … mein Penis. (0 Punkte)

**c** … mein Schwanz. (0 Punkte)

**d** … mein Johannes. (0 Punkte)

------------------------------------------------

**FRAGE 6:** Zur lustvollen Stimulation des Partners muss man auch nicht nur die Hand zur Hilfe nehmen, es geht auch anders. Was ist Cunnilingus?

**a** Ansteckend. (0 Punkte)

**b** Ein römischer Legionär in einem Asterix-Comic. (0 Punkte)

**c** Ein giftiger Pilz. (0 Punkte)

**d** Verdammt, schon Frage 6 und noch immer kein Wort, von dem ich jemals gehört hab. (0 Punkte)

**FRAGE 7:** Finden Sie es wichtig, beim Vorspiel auf die Bedürfnisse Ihrer Partnerin einzugehen?

**a** Klar, denn für mich gibt's nichts Wichtigeres als eine vertrauensvolle und tiefe Beziehung mit ... wie heißt sie noch gleich ...? Sandra ... nee ... Hanna ... oder war's Anja? (0 Punkte)

**b** Ja, ich finde es wichtig – das ist die absolute Wahrheit. Und ich sage IMMER die Wahrheit. Übrigens, mein Penis ist 28 cm lang, ich kann elf bis zwölf Mal die Nacht, und Internetpornographie kenne ich nur vom Hörensagen. (0 Punkte)

**c** Meine Partnerin? Wenn ich eine Partnerin hätte, dann würd ich die jetzt gerade knallen und wohl kaum diesen idiotischen Test mitmachen. (0 Punkte)

**d** Jetzt hab ich's endlich: Vorspiel – das ist, wenn vor dem eigentlichen Match die Jugendmannschaften gegeneinander spielen. Ehrlich gesagt, ziemlich überflüssig – genau wie dieser dämliche Kuschelkram, den die Frauen immer vor dem Sex wollen. (0 Punkte)

**- 5 0   B I S   0   P U N K T E :**

Sie sind das exakte Gegenteil von sensibel. Im Vergleich zu Ihnen waren Attila der Hunne und Jack the Ripper hyperempfindsame Frauenversteher. Intimität ist Ihnen dermaßen zuwider, dass Sie sich aus Prinzip weigern, sich den Namen Ihrer Sexpartnerin zu merken – selbst wenn es sich dabei um Ihre Ehefrau handelt, mit der Sie seit zwanzig Jahren zusammenleben. Unser Tipp : Besteigen Sie keine Frau, sondern etwas, das ungefähr dieselbe emotionale Empfindsamkeit hat wie Sie – zum Beispiel eine Stahlplatte oder eine Werkbank!

**1   B I S   4 9   P U N K T E :**

Sie sind im Großen und Ganzen unsensibel, am emotionalen Seelenleben Ihrer Partnerin desinteressiert, und bei Begriffen wie „Sinnlichkeit" oder „Sensualität" kriegen Sie Schüttelkrämpfe. Kurzum: Sie sind ein Mann. Heulen Sie deshalb etwa? Wenn ja, dann geben Sie sich einen Extrapunkt und gelangen in die nächste Kategorie …

**5 0   B I S   1 0 0   P U N K T E :**

Sie sind sensibel, feinfühlig, emotional, und Sex ist für Sie nicht einfach nur das alte Rein-Raus-Spielchen, sondern ein wunderbares Erlebnis, eine körperliche wie auch seelische Vereinigung, die Sie zutiefst bereichert. Das kann nur eins bedeuten: Sie sind in Wirklichkeit eine Frau. Schämen Sie sich, Sie schamlose Schummlerin!

# INTERVIEW MIT
# RASPUTIN

Der Russe Grigori Jefimowitsch Rasputin war in vielen Disziplinen zu Hause. Er arbeitete erfolgreich als Wunderheiler, Wanderprediger, Hypnotiseur und brachte es sogar bis zum Berater der russischen Zarenfamilie. Doch in keiner dieser Disziplinen war Rasputin so treffsicher wie beim Sex.

Die Zarin Alexandra Fjodorowna erlag seiner geheimnisvollen erotischen Anziehungskraft genauso wie unzählige andere Damen der russischen Aristokratie. Wahre Wundertaten auf dem Gebiet der sexuellen Erfüllung sagte man dem fidelen Tausendsassa damals nach, und seine Manneskraft ist bis heute legendär. Wir konnten den sagenumwobenen Sexguru für ein Interview gewinnen.

*Herr Rasputin, in einer bekannten Liedzeile heißt es: „Ra-Ra-Rasputin, Russia's greatest love machine". Wie kamen Sie zu diesem Ruf?*

Lassen Sie mich mit einer anderen bekannten Liedzeile antworten: „30 Zentimeter!"

*Heißt es nicht „20 Zentimeter!"?*

Nicht bei mir. Wollen Sie mal sehen?

*Nein! Dann glauben Sie also, dass die Qualität des Sex etwas zu tun hat mit der Größe des männlichen Penis?*

Natürlich nicht. Das ist ein völlig überholtes Vorurteil. Die Größe meines Penis ist mir im Grunde egal.

*Trotzdem scheinen seine Dimensionen Sie recht zufriedenzustellen.*

Ein altes russisches Sprichwort sagt: „Der eine hat den Dill, der andere die Gurke."

*Und Sie haben die Gurke?*

Nein, ich habe einen Riesenkürbis. Ach was, ich habe einen ganzen Gemüsestand! Wollen Sie ihn mal sehen?

*Nein! Was vor allem unsere Leserinnen interessieren wird: Haben Sie neben Ihrer enormen Potenz auch ein Faible für Romantik?*

Auf jeden Fall. Ich mag zum Beispiel die romantischen Poeme Alexander Puschkins. Von „Der Gefangene im Kaukasus" über „Die Zigeuner" bis zu „Jewgeni Onegin". Ich habe sie sogar alle noch mal aufgeschrieben, um sie mir besser merken zu können.

*Sehr schön.*

Fragen Sie mich jetzt bitte, worauf ich Puschkins romantische Werke niedergeschrieben habe.

*Ich habe eine leise Ahnung …*

Auf ein Kondom! Ein riesiges Kondom. Mein Kondom. Alles drauf. Der komplette Puschkin! Und für Anna

Karenina ist auch noch Platz! Wollen Sie meine Biblio-
thek mal sehen?

*Nein! Herr Rasputin, neben der Größe Ihres Penis...*

Ungeheuren Größe! Die mir im Grunde aber nichts
bedeutet.

*... sind Sie auch bekannt für Ihre ebenso ungeheure
sexuelle Leistungsfähigkeit. Es heißt, Sie könnten
ununterbrochen, mit einer geradezu sensationellen
Schlagzahl?*

Das stimmt. Am Hof des Zaren nannten mich die
Damen „K. K. Rasputin".

*„K. K."? Für kaiserlich und königlich?*

Für Koitus Kalaschnikow. Wollen Sie mein Schnell-
feuergewehr mal sehen?

*Nein! Haben Sie vielleicht einen Tipp an unsere männ-
lichen Leser? Wie erlangt man eine derartige sexuelle
Potenz?*

Durch Sex. Ich empfehle: Täglich mindestens 20-mal
Sex …

*Wow!*

… mit einer Frau. Und 40-mal mit der eigenen Hand und
mindestens einmal täglich mit dem eigenen Bart.

*Sex mit einem Bart?*

Kribbelt so schön.

*Tragen Sie deshalb einen so stattlichen Bart?*

Nein. Ein altes russisches Sprichwort sagt: „Wie der Johannes eines Mannes, so auch sein Bart."

*Behindert die Länge nicht schon mal beim Sex?*

Die des Bartes oder die des Johannes?

*Des Bartes.*

Kann ich mir um den Hals wickeln.

*Und der Johannes?*

Den auch. Wollen Sie das mal sehen?

*Nein! Mal etwas anderes. Sie sind ja auch als Meister der Hypnose bekannt. Können Sie uns vielleicht etwas über Ihre Technik verraten?*

Hypnose ist total simpel. Man braucht nur einen stieren Blick. Den hab ich. Und ein Pendel. Hab ich auch. Ein gigantisches. Wollen Sie es mal pendeln sehen?

*Nein! Herr Rasputin, es scheint, als würde die Größe Ihres Penis doch eine äußerst wichtige Rolle in Ihrem Leben spielen.*

**Wie kommen Sie auf diesen Unsinn?**

*Weil Sie keine Gelegenheit auslassen, auf die Größe Ihres Johannes, Gemüsestandes, Schnellfeuergewehrs ...*

**... Sojus-2-Triebwerks ...?**

*... hinzuweisen. Und mich ebenso oft fragen, ob ich den kleinen Racker mal sehen möchte!*

**Und?! Möchten Sie?**

*Meinetwegen.*

[ Anm. d. Red.: Rasputin präsentiert ein großes Einmachglas mit einem in Formaldehyd eingelegten Penis darin. ]

**Der steht normalerweise in St. Petersburg***. In einem Museum. Ich konnte ihn mir für das Interview ausleihen. Hätten Sie vielleicht ein Taschentuch? Mir kommen die Tränen ... die Wiedersehensfreude ...**

*Herr Rasputin, vielen Dank für das Gespräch.*

**Darf ich ihn mal aus dem Glas nehmen?**

*NEIN!*

---

* Das beste Stück Rasputins ist tatsächlich in einem St. Petersburger Erotikmuseum zu bestaunen.

# DIE UNGEWÖHNLICHSTEN
## *Orte für Sex*

**A**m liebsten haben wir Deutschen Sex im Bett. SIE findet es dort einfach am bequemsten, und ER kann sofort nach dem Orgasmus einschlafen. Eine klassische Win-win-Situation. Sollte man denken. Dennoch wünschen sich viele von Zeit zu Zeit ein wenig Abwechslung. Deshalb treiben sie es auch schon mal im Auto, Hausflur oder Badesee. Und die meisten wollen es sogar *noch* wilder. Auf der Basis einer aktuellen Umfrage haben wir eine Liste der ungewöhnlichsten Orte zusammengestellt, an denen deutsche Männer und Frauen gerne einmal Liebe machen würden, und sie auf ihre erotische Tauglichkeit hin überprüft (die Orte – nicht die Männer und Frauen).

## In der Umkleidekabine eines Kaufhauses

P R O : Sie können sich beim Sex im Spiegel beobachten und werden zusätzlich erregt, weil jederzeit die Möglichkeit besteht, erwischt zu werden.

C O N T R A : Wenn Sie tatsächlich vom Sicherheitsdienst erwischt werden, kann es unangenehm werden. Vor allem, wenn man anhand Ihrer vollgestopften Jackentaschen herausfindet, dass nicht nur Sex, sondern auch Klauen im Kaufhaus Sie heftig erregt.

## Auf dem Jägerhochsitz

P R O : Sie haben Sex im Freien und können gleichzeitig den Blick auf die Landschaft genießen.

C O N T R A : Schwierig beim Dirty Talk. An diesem Ort besteht die Gefahr, dass der Mann sich zu sehr vom Ort des Geschehens inspirieren lässt („Hatte noch nie so was Kapitales vor der Flinte", „Halali und Horrido, die Lunte, die brennt lichterloh!") und später den Brunftschrei des Gemeinen Damhirsches in den azurblauen Sommerhimmel röhrt. Spätestens danach ist Ihr Schäferstündchen wohl gelaufen.

## In der Autowaschanlage

P R O : Mal was anderes für alle, die auf Quickies im Auto stehen.

C O N T R A : Blöd für alle, die kein Auto haben. Es sei denn, Sie stehen auf abgefahrene SM-Praktiken wie „Abbürsten" und „Heißwachsen".

## Im Leuchtturm

**P R O** : Der Leuchtturm als gigantisches Phallus-Symbol sorgt für eine starke sexuelle Erregung.

**C O N T R A** : Wenn Sie es direkt vor dem Lichtsignal treiben, kann dies zwar auch erregend sein, Ihre dadurch sichtbar gewordenen Silhouetten erregen aber vor allem eins: Aufsehen. Denn dann können sämtliche Seeleute, die in der Nähe herumschippern, Sie bei Ihrer Sexgymnastik beobachten und den Begriff „Positionsbestimmung" ganz neu interpretieren.

## Im Treibsand

**P R O** : Wenn Sie erst einmal in den Treibsand hineingezogen wurden, können Sie sich nicht mehr selbstständig daraus befreien – gut für alle Bondage-Fans. Denn die später einsetzende Luftnot führt, wie bei Strangulationsspielen, zum besonderen Kick.

**C O N T R A** : Wahrscheinlich ist es auch der letzte Kick.

## In der Gefriertruhe

**P R O** : Bei Temperaturen von minus 25 Grad stehen sowohl das beste Stück des Mannes als auch die Brustwarzen der Frau wie eine Eins. Außerdem besteht keine Gefahr, dass Sie beim Sex überhitzen.

**C O N T R A** : Bei minus 25 Grad werden alle nicht in den Liebesakt involvierten Körperteile in sehr kurzer Zeit einfrieren und einfach abbrechen. Dies könnte den Wiederaustritt aus der Truhe deutlich erschweren.


Zum Abschluss noch eine Liste der Orte, an denen Sie auf keinen Fall Sex haben sollten:

- Im Gaza-Streifen.

- Im Papa-Mobil (selbst wenn Sie total auf Sex im Auto stehen).

- In der Kaaba in Mekka, auf einer öffentlichen Parkbank in der Innenstadt von Teheran oder auf der Toilette im Männercafé Ihres örtlichen Salafisten-Vereins.

# WAS DENKEN PROMINENTE BEIM SEX?

Viele Menschen denken beim Sex an die unterschiedlichsten Dinge. Sei es, um sich scharf zu machen: „Wie heißt noch mal der Fachbegriff für Sex mit mehreren?", oder um sich abzulenken und so den Genuss zu verlängern: „Wie heißt noch mal der Satz des Pythagoras?", oder einfach auch nur so: „Wie heißt noch mal der Typ, der da auf mir rumrutscht?"

Da wundert es nicht, dass sich mancher fragt: Was denken eigentlich andere beim Sex? Oder noch interessanter: Was denken Prominente?

Bei vielen Promis ist die Antwort so offensichtlich wie eine Erektion in der Badehose. Reinhold Beckmann wird natürlich denken: „Mein Gott, bin ich ein geiler Typ!", Kai Pflaume: „Das ist spitze!", und auch Daniela Katzenbergers Gedanken lassen sich leicht erraten. Sie wird beim Sex dasselbe denken wie sonst auch – nämlich nix.

Doch wie sieht es bei den anderen aus? Hier das Ergebnis einer weltweiten Umfrage unter Prominenten. (Aus Gründen der Diskretion und um den guten Ruf der befragten Stars zu wahren, haben wir die Namen selbstverständlich abgekürzt.)

Kinostar T. Schweiger:  „Immer dieser Nuschelsex."

Einrichtungsexpertin T. Wittler: „Wenn wir fertig sind, hau ich ihm mit der Handkante noch schnell einen schönen Kissenkniff in seinen Sack ... au fein!"

Fußballstar Chr. Ronaldo:  „Ich komm von links nach vorne, dribbel vorbei, leg ihn mir vor und hau ihn dann einfach mit dem Kopf rein ins kurze Eck!"

Fußballstar Chr. Ronaldo (3 Minuten später): „Mist. Hat nicht geklappt. Jetzt gehen wir in die Verlängerung!"

Kölner Altrocker W. Niedecken: „Verdamp lang her ..."

Tagesschausprecher J. Hofer: „Guten Abend, meine Damen und Herren. Berlin: Wie aus gut unterrichteten Kreisen berichtet wird, kommt es in dieser Stunde nach zähen bilateralen Verhandlungen in meinem Schlafzimmer zu ehelichem Sex. Der Ausgang ist zurzeit noch ungewiss. Und nun das Wetter ..."

RTL-Wetterfee M. Biewer: „In tiefen Lagen kann es vereinzelt zu Nässe kommen."

Bayern Münchens Ex-Manager U. Hoeneß: „Hmmm, den Trick mit der runtergefallenen Seife kannte ich noch nicht. Beim nächsten Duschen heb ich die nicht mehr auf."

**Zellengenosse von U. Hoeneß, Dr. Kalaschnikov:**
„Morgen lass ich ihn die Shampoo-Flasche aufheben."

**Sprecherin der Zeitansage:** „Beim nächsten Orgasmus ist es 4 Uhrrr, 20 Minuten und 5 Sekunden. Piep!"

**Lottofee Fr. Reichenbacher:** „Kann nix schiefgehen. Der Aufsichtsbeamte hat sich vor diesem Sex von dem ordnungsgemäßen Zustand des Zeugungsgerätes und der zwei Kugeln überzeugt."

**Showmaster T. Gottschalk:** „Wetten, dass ich in 30 Sekunden fertig bin?"

**Comedian H. P. Kerkeling:** „Ich bin dann mal fertig."

**Quizmoderator G. Jauch:** „Handelt es sich bei dem, was ich da in der Hand habe, um A: eine nass gewordene Salzstange? B: Meinen Penis? C: Den Penis eines anderen? Oder D: Einen Mikrofonsender, und ich träume das Ganze nur und sitze in Wirklichkeit gerade in der Sendung?"

# Die Bastelecke TEIL 2

## FÜR FORTGESCHRITTENE

Das sogenannte „Glory Hole" erfreut sich unter Liebhabern ausgefallener Sexpraktiken immer größerer Beliebtheit. Es handelt sich dabei um ein Loch in einer Toilettenkabine oder einer extra dafür angefertigten Trennwand, durch das hindurch der Sex ausgeübt wird. Der besondere Kick ergibt sich hierbei aus dem Gefühl der Anonymität. Das erste Glory Hole der Geschichte stammt übrigens aus dem Jahre 2700 v. Chr., es handelt sich um ein Astloch in einer hohlen Zeder im Süd-Libanon. Das Problem dieser sexuellen Spielart: Was tun, wenn man privat oder geschäftlich unterwegs ist? Und: Wie kriege ich eine Trennwand, eine Toilettenkabine oder eine Libanon-Zeder in den Koffer? Wir haben uns deshalb eine praktische Alternative ausgedacht: das Reise-Glory-Hole zum Ausschneiden. Sie reißen einfach diese Seite aus dem Buch, nehmen eine Schere zur Hand und schneiden das Loch an der dafür vorgesehenen gestrichelten Linie aus – fertig!

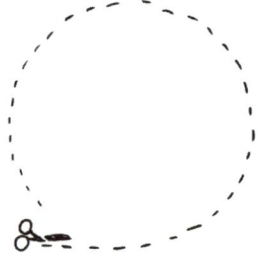

*one size fits all*

*die romantische Variante*

*Wir alle haben Phasen, in denen unser Sexleben brach liegt und wir beim Anblick einer bestäubenden Biene denken: „Herrschaften nochmal, du müsstest endlich mal wieder poppen!" So weit, so normal. Bedenklich wird es erst, wenn SIE keinen Spargel mehr schälen kann, ohne leise vor sich hin zu stöhnen, und IHM beim Betrachten einer Polit-Talkshow die Bemerkung rausrutscht, was für „eine verdammt heiße Braut" doch diese Renate Künast sei. Wenn Sie wissen möchten, ob auch Ihre persönliche Verzweiflung bereits in dieses kritische Stadium übergegangen ist, finden Sie hier typische Symptome für massiven sexuellen Triebstau.*

# 6 SICHERE ANZEICHEN DAFÜR, DASS ER DRINGEND MAL WIEDER SEX HABEN SOLLTE

Sie suchen in Ihrer Fernsehzeitschrift verzweifelt nach den Sendezeiten für die „Sexy Sportclips" und die Telefonsex-Werbespots.

Sie wissen endlich, was der Begriff „Priapismus" bedeutet.

Sie treten als bekennender Atheist einer erzkonservativen Bibelgruppe bei, weil Sie von einem Freund gehört haben, dass Sie dort der einzige Mann unter lauter sexuell frustrierten Frauen sein würden. Während der Bibelstunde erklären Sie den anwesenden Damen ungefragt das wissenschaftliche Phänomen des Samenstaus. Dazu fertigen Sie auf einer Seite, die Sie zuvor aus der vor Ihnen liegenden Bibel gerissen haben, eine kleine Skizze an, die Ihre Theorie visuell unterstützen soll.

In Ihrer Lieblings-Cocktailbar trinken Sie normalerweise Gin Tonic oder Mojito. Heute bestellen Sie erst einen „Sex On The Beach" und – als sich eine attraktive Blondine neben Sie setzt – einen „Orgasmus" mit viel Sahne.

Sie bekommen einen Eintrag im Guinnessbuch. Als erster Mann, der es geschafft hat, das *komplette* Internet nach Sexseiten zu durchforsten.

Bei einem Waldspaziergang bemerken Sie, dass Sie nicht mehr wie üblich die Schönheit der Natur, sondern plötzlich die Schönheit eines einzelnen Astlochs bewundern und sich kurz darauf heftig daran schubbern.

# **6** SICHERE ANZEICHEN DAFÜR, DASS SIE DRINGEND MAL WIEDER SEX HABEN SOLLTE

 Bei einem Waldspaziergang bemerken Sie, dass Sie nicht mehr wie üblich die Schönheit der Natur, sondern plötzlich die Schönheit eines einzelnen Astes bewundern und sich kurz darauf heftig daran schubbern.

 Normalerweise reagieren Sie mit lautem Gähnen, wenn Ihre beste Freundin mal wieder Storys aus ihrem ausschweifenden Sexleben erzählt. In den letzten Wochen hingegen flehen Sie sie mit Speichelfäden in den Mundwinkeln an, unbedingt weiterzuerzählen und dabei kein noch so unwichtig erscheinendes Detail über die körperliche Beschaffenheit ihres Sexualpartners auszulassen.

 Sie haben in der letzten Woche mehr Batterien gekauft, als sonst im gesamten Jahr und fragen sich, ob es nicht auch solarbetriebene Vibratoren gibt.

Hätte Ihre beste Freundin noch vor Kurzem auf einer Party zu Ihnen gesagt: „Lass uns abhauen, das Resteficken fängt an", hätten Sie ihr energisch zugestimmt. Jetzt reagieren Sie mit einem fröhlichen: „Geh du ruhig schon, ich bleib noch ein bisschen ..."

 Sie können Ihrer Freundin nicht dabei zusehen, wie sie eine Banane isst.

 Sie antworten in einem Hotel auf die Frage, ob Sie hart gekochte Eier zum Frühstück lieber mögen als weich gekochte: „Egal. Hauptsache Eier!"

**Noch ein kleiner Tipp: Wenn Sie endlich wieder Sex haben, reißen Sie sich bitte zusammen. Hier drei sichere Anzeichen dafür, dass Ihr Sex zu heftig war:**

 Danach sind Sie beide tot.

 Die Besucher des Motörhead-Konzerts, das gerade unweit Ihrer Wohnung stattfindet, beschweren sich bei Ihnen wegen Lärmbelästigung.

 Seismologen im Zentralobservatorium in Hannover entdecken ein Erdbeben mit einer Stärke von 8,9 auf der Richterskala – mit Ihrem Schlafzimmer als Epizentrum.

# KURZKRIMI

**A**ls Kommissar Jeff Carter um 15 Uhr die Künstlergarderobe der Max-Hammer-Production betrat, verschlug es ihm den Atem. So etwas hatte er noch nicht gesehen. Der Mann lag nackt auf einem Tisch. Tot. Mit heraushängender Zunge, in der eine große Tackerklammer steckte. Hunderte Drehbuchseiten waren an die Wand geheftet. Beißender Knoblauchgestank hing in der Luft. Carter sah seinen Assistenten Bill Smith fragend an. Smith atmete schwer: „Sieht nach Ritualmord aus. Das Opfer heißt Oscar Osterhasi. Beruf Pornodarsteller. Künstlername ‚Long Dong John‘. Den Namen trägt er, weil …"

„Ich sehe es selber", unterbrach Carter barsch seinen Assistenten, nahm eine der Drehbuchseiten von der Wand und las: „Sie: ‚Ahh‘, Er: ‚Ohh‘, Sie: ‚Jaa‘, Er: ‚Jaa‘, …". Kopfschüttelnd legte er die Seite wieder weg. „Todesursache?"

Smith schaute auf seinen Notizblock. „Erstickt. Gegen 10 Uhr heute Morgen. Als man ihn fand, hatte er das hier im Rachen stecken." Carter blickte auf das riesige Plastikteil in der Hand seines Assistenten. „Mein Gott, was ist das?"

„Ein Riesendildo. Modell ‚Ulmer Münster‘. Jemand hat ihm einen Zettel an die Zunge getackert. Und dieser Zettel steckte in seiner Luftröhre. Er hat wohl noch versucht, sich den Zettel mit dem Ulmer Münster aus der Luftröhre zu angeln. Das hat ihm dann den Rest gegeben."

„Warum zum Teufel hat er keine Pinzette benutzt?"

„Sein Produzent gab an, Long Dong John sei nicht die hellste Kerze auf der Torte gewesen. Und wahrscheinlich konnte er nur mit dieser Art Werkzeug umgehen."

Carter nickte. „Dieser Zettel ... steht da irgendwas drauf?" Smith schaute wieder auf seinen Notizblock. „Der Speichel des Opfers hat das meiste unleserlich gemacht. Zwei Worte waren allerdings noch zu entziffern: ‚Beine breit'."

Carter pfiff durch die Zähne. „Ich möchte mir diesen Produzenten mal näher ansehen."

Max Hammer rekelte sich in seinem Büro auf einem mit Leopardenfell bezogenen Schreibtischstuhl. „Long Dong John hat sich immer mit seinen Kollegen angelegt. Erst gestern hatte er heftigen Streit mit meinem Top-Star Very Long John. Es ging um die Künstlernamen. Long Dong John wollte seinen ändern in Longer Than Very Long John. Very Long John kam dann zu mir und meinte, entweder er dürfe seinen Namen ändern in Much Longer Than Long Dong John, oder er kündige fristlos. Doch Long Dong John hätte dann sehr wahrscheinlich seinen Namen wieder geändert in ..."

„Ja ja ... wir haben verstanden!" Carter seufzte. Smith schaute auf seinen Notizblock.

„Very Long John hat für die Tatzeit ein Alibi." Hammer nickte. „Er war beim Dreh. Die Produktion heißt *Zwei Superglocken läuten zum Gebet.*

Hauptdarstellerin ist Dingelong Dong Dingeling, die Freundin von Long Dong John. Zwischen denen hat es auch immer Streit gegeben. Dingelong Dong Dingeling hatte nämlich einen andern. Doktor Doppelklong. Long Dong John hasste Doktor Doppelklong, weil der jetzt die Glocken von Dingelong Dong Dingeling läutete. Und bevor Sie fragen: Ich habe auch ein Alibi. Ich war auf dem Set von *Zwei Sahnehobel machen Männchen*."

Carter rauchte der Kopf. Sein Blick wanderte über die staubigen Bücher im Regal des Produzenten und verharrte auf einem aufgeschlagenen Buch, das vor Hammer auf dem Schreibtisch lag. „Sie lesen Kant?"

Hammer schaute ihn mit leeren Augen an. Smith unterbrach die eisige Stille: „Soll ich Doktor Doppelklong mal unter die Lupe nehmen?" Carter nahm das Buch in die Hand, schaute kurz hinein und grinste. „Nicht nötig. Ich weiß jetzt, wer Long Dong John auf dem Gewissen hat. Und zwar Sie, Mr. Hammer!"

Wie konnte Carter wissen, dass Hammer für den gewaltsamen Tod des Pornodarstellers verantwortlich war?

Hammer musste befürchten, dass sein Top-Star kün-
digen würde, wenn Long Dong John nicht schnell
aus der Firma verschwindet. Also schmiedete er einen perfiden Plan mit dem Ziel, Long Dong John bei
den nächsten Dreharbeiten als Versager dastehen zu
lassen und ihn so ohne Kündigungsfrist feuern zu
können. Da der Produzent wusste, dass der Darsteller nicht besonders intelligent war, manipulierte er
eine der Drehbuchseiten so, dass Long Dong John
plötzlich, statt des gewohnten Textes, ein Zitat von
Immanuel Kant auswendig lernen musste. Die entsprechende Passage hatte Hammer dummerweise in
seinem Buch angestrichen. Das fiel Carter sofort auf.
Wie erwartet war das Opfer gänzlich überfordert,
einen Text auswendig zu lernen, der ungefähr wie folgt
geklungen haben muss: „Jedes vernünftige Wesen
muss so handeln, als ob es durch seine Maximen jederzeit ein gesetzgebendes Glied im allgemeinen Reich
der Zwecke wäre. Und jetzt Beine breit!“ Verzweifelt
nahm Long Dong John zunächst Unmengen von Kno-
blauchpastillen zu sich, um seinem Gedächtnis auf
die Sprünge zu helfen. Als diese Methode nicht fruch-
tete, blieb dem Schauspieler nichts anderes übrig, als
die Textpassage auf einem Spickzettel zu verbergen.
Da Pornodarsteller üblicherweise nackt agieren, ver-
steckte er den Zettel am einzig möglichen Ort – in
seinem Mund – und tackerte ihn aus purer Gewohn-
heit an seiner Zunge fest, um zwischendurch einen
Blick auf ihn werfen zu können. Mit tödlichen Folgen.
Hammers Plan, seinen unbeliebten Darsteller loszu-
werden, ging auf – wenn auch anders, als gedacht.

# LESER FRAGEN

**Z**u kaum einem Thema wird bei Experten so häufig Rat gesucht, wie zum Thema **Sex**. Auch wir, die Autoren dieses Buches, erhalten häufig verzweifelte Zuschriften. Mit Verständnis und Einfühlungsvermögen stehen wir Hilfesuchenden immer wieder zur Seite, wie das folgende Beispiel zeigt.

*Brief von Inge B., Bruchsal:*

Liebe Experten, ich muss jetzt doch mal meinen Ärger loswerden: Neulich habe ich mir endlich meinen ersten Vibrator gekauft, da mein Freund ein paar Tage verreist war. Und was soll ich sagen? Das Teil sieht ja ganz schick aus, und wenn man ihn betätigt, wird einem auch schnell richtig warm – aber ein Orgasmus? Fehlanzeige. Außerdem sind die Dinger viel zu groß und machen einen tierischen Lärm – das ist ja fast, als wenn ein Flugzeug startet. Also, mal im Ernst: Vibratoren – für mich rausgeschmissenes Geld.

*Antwort:*

Liebe Frau B., danke, dass Sie uns Ihre intimen Probleme mitgeteilt haben. Wir haben Ihren Brief mehrmals durchgelesen (natürlich nur unter uns, denn Diskretion hat für uns oberste Priorität), und wir denken, dass es uns nach vielem Nachdenken gelungen ist, zur Ursache Ihrer Schwierigkeiten vorzustoßen: Der Gegenstand, den Sie erworben und zur Stimulation benutzt haben, ist möglicherweise gar kein Vibrator, sondern – so vermuten wir – ein handelsüblicher Fön. Man verwendet ihn zum Trocknen der Haare nach dem Waschen, und das Gebläse macht den Lärm, wohingegen Vibratoren nur ein sanftes Summen von sich geben. Wir hoffen, wir konnten Ihnen weiterhelfen.

*Brief von Inge B., Bruchsal:*

Liebe Experten, vielen Dank für den Tipp. Sie hatten natürlich recht. Wie dumm von mir. Ich bin gleich am Tag, nach dem Ihre Antwort eingetroffen war, los und habe mir endlich einen richtigen Vibrator zugelegt. Er summte und vibrierte auch sehr schön leise, wie Sie geschrieben haben, aber das hörte dann schon nach wenigen Sekunden wieder auf. Und danach nichts: Keine Gefühle, keine Stimulation, kein Orgasmus. Ich bin maßlos enttäuscht.

*Antwort:*

Liebe Frau B., danke, dass Sie sich erneut vertrauensvoll an uns gewendet haben. Diesmal haben wir Ihren Brief auch mit ein paar Kollegen durchgesprochen, und wir sind schließlich zu folgender Schlussfolgerung gelangt: Sie haben sich leider schon wieder vergriffen. Was Sie für einen Vibrator gehalten haben, ist in Wirklichkeit ein sogenanntes Smartphone, auch bekannt als Handy. Auch mit diesem Gerät kann – wenn Sie die Internetfunktion aktivieren und gewisse URL-Adressen eingeben – eine sexuelle Stimulation erreicht werden (wie Sie das genau machen, zeigt Ihnen sicher gern Ihr Freund). Aber es vibriert nur, wenn jemand versucht anzurufen – die dauerhafte

prickelnde Stimulation eines Vibrators erzeugt ein Handy nicht. Wir hoffen, beim nächsten Mal haben Sie mehr Glück.

*Brief von Inge B., Bruchsal:*

Liebe Experten, danke für den guten Rat. Ich habe ihn befolgt, und jetzt endlich hat es geklappt: Ich bin im Besitz eines funktionierenden Vibrators. Dieses erotische Prickeln - genau wie Sie vorausgesagt haben! Und der Orgasmus - Wahnsinn. Mein Körper hat so heftig reagiert, dass es eine Riesensauerei gegeben hat, so feucht bin ich geworden, ja geradezu nass. Die ganze Hose, die ich mir runtergezogen hatte, hat getrieft. Also, mein Liebesleben ist durch diesen Vibrator entschieden bereichert worden. Jede Frau sollte sich so etwas zulegen.

*Antwort:*

Liebe Frau B., es freut uns zu hören, dass Ihre Orgasmusprobleme ein Ende gefunden haben. Aber unsere Wahrheitsliebe zwingt uns doch, Ihnen noch einmal zu antworten. Um ganz sicher zu gehen, dass wir richtig liegen, haben wir diesen Briefwechsel der gesamten Verlagsredaktion sowie zahlreichen Freunden, Familienangehörigen, nahen und entfernten Bekannte sowie einigen tausend Buddies in den sozialen Netzwerken vorgelegt. Alle zeigen inzwischen große emotionale Anteilnahme, und intensive Diskussionen haben zu folgendem Ergebnis geführt: Wir sind uns sicher, dass es sich bei dem Gegenstand, der Ihnen diese erfreulichen Gefühle bereitet hat, um einen Duschkopf handelt. Die Wasserbrause war einerseits für Ihren Orgasmus verantwortlich, andererseits aber auch für die durchnässte Kleidung. Unser Tipp: Lassen Sie die Kleidung einfach ganz weg, das hat sich bei allen Spielarten des Sex schon häufig bewährt.

*Brief von Inge B., Bruchsal:*

Liebe Experten, danke für Ihren erneuten Rat. Aber, wissen Sie was? Ich mache es jetzt ohne elektrische Hilfe. Ich bin eh genervt davon, wie abhängig wir heutzutage von unnützen und schrottigen Elektrogeräten sind. Mein Staubsauger zum Beispiel? Dauernd kaputt. Mein Computer? Stürzt ständig ab. Und meine elektrische Zahnbürste? Völlig nutzlos – ein langes, rundes Teil aus Plastik, vibriert zwar die ganze Zeit – aber es ist keine einzige Borste dran und die Zahnpasta flutscht dauernd runter. Wie bitte sollen so die Zähne sauber werden? So ein Pfusch!

Der Inder Villimmanur Pimpan, der Verfasser des Kamasutra, lebte angeblich zölibatär. Lange hielt die Wissenschaft diese These für absolut plausibel, weil niemand, der tatsächlich schon einmal Sex gehabt hat, sich Stellungen ausdenken würde wie „Der summende Affe umfängt einen Baum" oder „Die Schraube des Archimedes".

Doch jetzt fanden amerikanische Sexualhistoriker heraus, dass Pimpan wider Erwarten doch Geschlechtsverkehr praktizierte. In einem gigantischen Selbstversuch probierte er innerhalb eines Tages sämtliche Kamasutra-Stellungen zusammen mit seiner Frau aus. Nachdem er vom indischen Orthopäden-Verband aufgrund von multiplen Muskel-, Knochen- und Gelenksschädigungen zum „Patienten des Jahrhunderts" ernannt wurde, entschied er sich für lebenslange Enthaltsamkeit.

# AUS DER WELT DER
## STATISTIK

**VERBLÜFFEND**: Wüstenratten haben bis zu 120-mal Sex pro Stunde. Damit liegen sie bei der GV-Frequenz noch vor dem gemeinen Zwergkaninchen, aber deutlich hinter Tiger Woods und Silvio Berlusconi. Die Deutschen haben in ihrem Leben im Durchschnitt neun verschiedene Sexpartner. Wüstenratten hingegen haben bis zu neun verschiedene Partner pro Minute.

- - - - - - - - - - - - - - - - - - - - - - - -

**VERKANNT**: Männer sind gar nicht so sexbesessen, wie oftmals angenommen wird. Zwar denken sie im Schnitt alle sieben Sekunden an Sex, in der Zeit dazwischen aber auch an völlig andere Dinge: zum Beispiel an den Hintern von Jennifer Lopez, die Brüste von Scarlett Johansson oder an einen Zug, der in einen Tunnel fährt.

- - - - - - - - - - - - - - - - - - - - - - - -

**VERLANGSAMT**: Ein Pinguinmännchen hat nur einen Orgasmus pro Jahr, weil es 365 Tage lang braucht, um richtig in Fahrt zu kommen. Für die Pinguinweibchen ein großes Problem: Sie verpassen oft ihren Einsatz beim Orgasmusvortäuschen.

- - - - - - - - - - - - - - - - - - - - - - - -

**V E R W I R R E N D**: 20% aller Männer behaupten, sie würden, wenn es dazu käme, mit der besten Freundin ihres Partners schlafen. Bei den Frauen sagen das nur gut 3%. Die restlichen 97% sind heterosexuell.

- - - - - - - - - - - - - - - - - - - - - - - -

**V E R K L E M M T**: In Washington D.C. gilt jede Sexualpraktik außer der Missionarsstellung als gesetzeswidrig. Die Folge: 9 der 10 meistgesuchten Verbrecher Washingtons sind Pornodarsteller.

- - - - - - - - - - - - - - - - - - - - - - - -

**V E R F R Ü H T**: 75% der Männer ejakulieren innerhalb von drei Minuten ab Penetration, die restlichen 25% innerhalb von drei Minuten nach dem Kauf des neuen Playboys.

- - - - - - - - - - - - - - - - - - - - - - - -

**V E R S T Ä N D L I C H**: In London ist Sex auf einem parkenden Motorrad verboten. Die Folge: 58% aller Verkehrsunfälle in London entstehen durch Sex auf einem *fahrenden* Motorrad.

- - - - - - - - - - - - - - - - - - - - - - - -

# Die Rätselecke

Sudokus erfreuen sich zunehmender Beliebtheit, aber es gibt bisher ausschließlich konventionelle Varianten. Hier kann man zwar zwischen verschiedenen Schwierigkeitsstufen und Formen wählen, was aber bislang fehlt, sind sogenannte „Special Interest Sudokus". Diese Lücke wurde jetzt geschlossen. Besonders vielversprechend erscheinen die Sex-Sudokus und hier vor allem die Stellungs- und Fetischvarianten.

FÜR FREUNDE DES BEIDERSEITIGEN ORALSEX:

|   |   |   |   |   |   |   |   |   |
|---|---|---|---|---|---|---|---|---|
|   | 6 | 9 |   |   |   |   |   |   |
|   |   |   | 6 | 9 |   |   |   |   |
|   |   |   |   |   | 6 | 9 |   |   |
|   |   |   |   |   | 6 |   |   | 9 |
|   |   | 6 |   |   | 9 |   |   |   |
|   | 9 |   |   |   |   |   | 6 |   |
|   |   |   |   | 6 |   | 9 |   |   |
| 6 |   |   | 9 |   |   |   |   |   |
| 9 |   |   |   |   |   |   |   | 6 |

| 0 | 8 |   |   |   |   |   |   |   |
|---|---|---|---|---|---|---|---|---|
|   | 1 | 5 |   |   |   |   | 0 | 8 |
|   |   |   | 0 | 8 | 1 | 5 |   |   |
|   |   |   | 0 |   |   |   |   |   |
|   |   | 0 | 8 | 1 | 5 |   |   |   |
|   |   |   | 1 |   |   | 8 | 0 |   |
| 0 | 8 | 1 | 5 |   |   |   | 1 |   |
|   |   |   |   |   |   |   |   | 5 |
|   |   |   |   |   |   |   | 8 | 0 |

| G | E |   |   |   |   |   |   |   |
|---|---|---|---|---|---|---|---|---|
|   | I | L |   |   | F |   | E | G |
|   |   |   |   | G | E | I | L |   |
|   |   |   |   |   | U |   |   |   |
|   |   | F | E | U | C | H | T |   |
|   | G |   |   |   | H |   |   |   |
| F | E | U | C | H | T |   |   |   |
|   | I |   |   |   |   |   |   | L |
|   | L |   |   |   | G | E | I |   |

\* Hierfür wurde eigens ein Sudoku mit Buchstaben entwickelt.

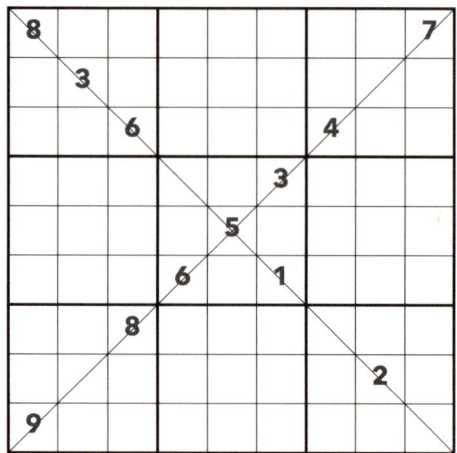

| 1 | 9 | 3 | 3 |   |   |   | 8 |
|---|---|---|---|---|---|---|---|
|   |   |   |   |   |   |   | 8 |
|   |   |   | 1 |   |   |   |   |
|   |   |   | 9 |   |   |   |   |
|   | 2 | 0. | 0 | 4. | 1 | 8 | 8 | 9 |
| 1 |   |   | 5 |   |   |   |   |
| 0 |   |   |   |   |   |   |   |
| 0 |   |   |   |   |   |   |   |
| 0 |   |   |   | 1 | 9 | 3 | 7* |

\* In diesem Jahr hatte Deutschland noch die gewünschten Grenzen.

| 6 | 6 | 6 |   | 6 | 6 |   | 6 | 6 |
|---|---|---|---|---|---|---|---|---|
| 6 |   | 6 | 6 | 6 | 6 | 6 |   | 6 |
| 6 | 6 |   | 6 |   | 6 | 6 | 6 |   |
| 6 | 6 | 6 | 6 | 6 |   | 6 |   | 6 |
|   | 6 |   | 6 | 6 | 6 |   | 6 | 6 |
| 6 | 6 | 6 |   | 6 |   | 6 | 6 | 6 |
| 6 | 6 | 6 | 6 | 6 |   | 6 | 6 |   |
| 6 | 6 |   | 6 |   | 6 | 6 | 6 | 6 |
| 6 |   | 6 | 6 | 6 | 6 |   | 6 | 6 |

\* Dieses Sudoku gibt es auch in den Varianten für Drei-, Fünf- und Neunsüchtige.

*Viel Spaß beim Lösen!*

# DIE AUTOREN

Unsere Autoren studierten allesamt an der „Erika-Berger-Akademie für Erotik" und belegten dort Seminare in „Lange-Beine-Übereinanderschlagen" und „Binsen-Absondern mit Wiener Akzent".
Sie gelten mittlerweile weltweit als renommierte Experten auf dem Gebiet der Sexualforschung.
Im Wortsinne als Höhepunkt ihres Schaffens ist es ihnen nach jahrelanger Recherche gelungen, endlich den ominösen G-Punkt zu lokalisieren – obgleich noch Uneinigkeit über dessen genaue Position besteht.
Die drei Experten verständigten sich jedoch darauf, dass der G-Punkt entweder exakt am Schnittpunkt des 49. nördlichen Breitengrads und des 11. östlichen Längengrads liegt, also mitten in der Fußgängerzone der oberfränkischen Kleinstadt Gräfenberg\*. Oder aber irgendwo zwischen Prostata und Milz.
Neben ihrer akademischen Tätigkeit schrieben unsere drei Autoren auch zahlreiche populärwissenschaftliche Bestseller, darunter „Warum taube Männer nicht zuhören und Frauen beim Autosex schlecht einparken", „Weichmacher in Plastikdildos – Fluch oder

---

\* Der G-Punkt wird aus diesem Grund auch der Gräfenberg-Punkt genannt.

Segen?" und „Das ging ins Auge – warum man(n) vom Onanieren tatsächlich blind werden kann".
Ihre sexuelle Erweckung erlebten die drei Kopulations-Koryphäen nahezu zeitgleich in den frühen 1970er-Jahren, durch die Abbildungen diverser Nacktmodels auf den Solariums-Seiten des Neckermann-Kataloges, durch ein eigenhändig gebohrtes Guckloch in der Umkleidekabine der örtlichen Damenvolleyballmannschaft und durch die Außenwerbung eines kleinen Dorfkinos für den Film „Graf Porno bläst zum Zapfenstreich".
Seit dieser Zeit hatten die drei selbst ernannten „Legionäre der Lust" sexuellen Kontakt mit unzähligen unfassbar attraktiven Frauen, weshalb sie auf einen schier unendlichen Erfahrungsschatz auf dem Gebiet der körperlichen Liebe zurückgreifen können. Diese Erfahrung an ihre Leser weiterzugeben, war und ist unseren Autoren ein heißes Begehren und tiefes Verlangen.

## ▌▌▌ T E X T E ▌▌▌▌▌▌▌▌▌▌▌▌

PETER GITZINGER, LINUS HÖKE und ROGER SCHMELZER sind seit vielen Jahren als Autoren für zahlreiche Comedyshows im deutschen Fernsehen tätig. Neben Drehbüchern verfassen sie Theaterstücke und arbeiten für etablierte Kabarettbühnen wie *Die Stachelschweine* und *Die Distel* in Berlin. Linus Höke ist zudem der Verfasser des Bestsellers *Shades of hä?*. Alle drei Autoren leben in und um Köln herum.

## ▌▌▌ I L L U S T R A T I O N E N ▌▌▌

ARI PLIKAT, geboren 1958 in Lüdenscheid. Lebt in Dortmund, zeichnet Illustrationen, Cartoons und komische Bilder, die in vielen Zeitungen und Zeitschriften zu sehen sind. Bei Lappan ist zuletzt sein Buch *Ich rieche Angstschweiß* erschienen.
www.ariplikat.de

# LAPPANS SATIRISCHE GESCHENKBUCHREIHE: HERRLICH GARSTIG!

ISBN 978-3-8303-4315-8

ISBN 978-3-8303-4316-5

ISBN 978-3-8303-4317-2

ISBN 978-3-8303-4318-9

ISBN 978-3-8303-4329-5

ISBN 978-3-8303-4336-3

Das für dieses Buch verwendete Papier aus geprüfter nachhaltiger
Forstwirtschaft lieferte Salzer Papier, St. Pölten.

© 2015 Lappan Verlag GmbH

ISBN 978-3-8303-4360-8

Alle Rechte vorbehalten. Das Werk darf – auch teilweise –
nur mit Genehmigung des Verlages wiedergegeben werden.

Lektorat: Leonie Bartels

Herstellung | Gestaltung: Monika Swirski

Druck und Bindung: Druckerei Theiss GmbH

Printed in Austria

**www.lappan.de**